北米からの警告

ジェンダー政策、緊急事態法が日本の未来を破壊する

カナダ人ニュース
やまたつ

徳間書店

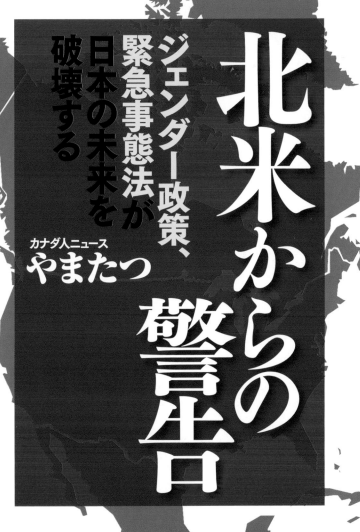

プロローグ

カナダに住んでいたからこそ経験できた〝痛み〟

2017年7月15日、私はカナダにワーキングホリデービザで渡りました。このときは、カナダに永住するなんてことは、夢にも思っていませんでしたが、カナダで出会った様々な人、可愛いねこ2匹との出会いにより、気づけばカナダの永住権を取っていました。

前著『左翼リベラルに破壊され続けるアメリカの現実』（徳間書店）でも書きましたが、私は2020年夏まで典型的な情報弱者でした。

「メディアが嘘をつくことはない」
「メディアにバイアスはなく、中立」
「メディアは必要なことを伝えてくれている」
「メディアの言っていないことを話す人は陰謀論者で頭がおかしく、信用できない」

というような考えをしていました。お恥ずかしい限りです。

現在はその反動で、何事も鵜呑みにせず疑い、自分で調べるクセがつきました。このことは、ユーチューブチャンネル『カナダ人ニュース』での情報発信や、本の出版、Substack（ブログ＋メルマガ）に繋がっています。そして、カナダという国やメディアのおかしさに気づくこともできました。

カナダに来たばかりのときは、カナダは日本のような忙しさ、閉塞感のない、素晴らしい国だと思っていました（私の住むバンクーバーの気候はとてもよく、特に夏の過ごしやすさは抜群で、是非ともみなさんに体験しに来てほしいと思っています）。

カナダを引っ張る若きイケメンリーダー、ジャスティン・トルドー首相により、カナダはさらに素晴らしい国になっていると思っていました。1867年7月1日カナダ連邦結成以来、自然豊かで美しい、温厚な人々が住む国として世界的に有名な国。私が現在住んでいる西部ブリティッシュコロンビア州の最大都市バンクーバーは世界で最も住みやすい都市ランキングで世界1位を何度も獲得したことがあることでも有名です。

日本メディアのカナダに関する報道といえば、オーロラや川下り、ロッキー山脈のような大自然、様々な国からの移民を受け入れ、性的マイノリティに寛容で、多様性に富んだ先進国、民主主義の象徴のような国として紹介されることが多いと思います。おそらく、日本の報道で、カナダの悪い話を聞いた記憶がある人はほとんどいないのではないでしょうか。政府や社会に合わせた生活をしている人には、この日本の報道で伝えられているイメージ通りの国でしょう。

ジャスティン・トルドー首相。写真：AP/ アフロ

しかし、実態は違います。トルドー政権に従わない人々は、弾圧を受けています（詳しくは第4章で紹介しますが、私自身もそのうちのひとりです）。

そして、ジャスティン・トルドー首相こそが、カナダを内部からぶち壊し、民主主義を否定する人物であり、メディアを通して見せられていたイメージとは真逆の人物なのです。

2020年に世界を変えた新型コロナウイルスのパンデミックにより、トルドーの本性が明らかになり、多くのカナダ国民がその危険性に気づき、立ち上がりました。

では、人々は〝なぜ〟トルドーの危険性に気づくことができたのか。私は〝痛み〟を知ったからだと思います。パンデミックを口実に、世界中で人々の権利は制限され、自由が奪われました。

カナダの場合は。トルドー政権の意向に従う者は、自由を享受することができ、従わない者の自由は〝公衆衛生〟〝社会のため〟という非科学的な大義名分のもと奪われました。具体的には、ワクチンパスポートやワクチン接種義務付けです。このようなことは、民主主義を謳い、自由を尊ぶ欧米各国でも積極的に導入されました。カナダでは10州3準州すべてで、独自のワクチンパスポート政策が導入されました。詳細は後述いたします。

私はこのワクチンを巡る騒動で、〝自由〟が奪われました。それまで、〝自由〟というものを意識したことがありませんでしたし、〝自由〟を主張する人のことを「無責任で、自分勝手な人間」という風に捉えていました。日本人の感覚では、〝自由〟と同等、または、それ以上にその裏返しとして、〝責任〟も重要視されると思います。だからこそ、日本の秩序ある平和が保たれていると思いますので、一概に否定するつもりはありませんが。

私はカナダで日本では決して経験することがない、自由を奪われる〝痛み〟を経験しました。これは私の人生観を大きく変えるものにもなりました。

日本では、保守層を中心に、長らく憲法改正を求める声が強いです。私もよく理解せず、改憲賛成派でした。今も、一部に賛成という立場です。しかし、カナダで知った〝痛み〟で、決して譲ることのできないものも見えてきました。

日本のメディアではまったく報じられていませんが、カナダではトルドー政権により、国家権力を使った国民弾圧行為が起きていたのですが、私もその対象になっていたひとりです。活動が制限され、命に関わる銀行口座の凍結をされる危険性がありました（私も含め、現金を持たない生活をしている人の多いカナダでは、銀行口座凍結は死活問題です）。

私はカナダ政府から、国家転覆を目論むテロリストと認識されていたのです。

このようなことは、現在の日本では起きることがありません。日本国憲法が、日本国民の権利を保障しているからです。こう言うと、「お前は左翼の憲法改正反対工作員だな」というようなことを考える人も出てくると思います。見当違いも甚だしいですが……。

本書を通じて、日本では決して経験することができない、カナダに住んでいたからこそ経験できた〝痛み〟をみなさんにお伝えします。その上で、これからの日本の行く末を考える、特に憲法改正の必要性、危険性を日本国内からではなく、国外からの視点でも考える一助になればいいなと思っています。これは第4章で詳しく言及いたします。

カナダに住む前、私は3か月間、語学留学のためにフィリピンに滞在していました。フィリピンでもカナダでも、私は外国人です。

現地の人々は、私に〝日本人〟として接してきます。このようなことは日本にいるときは経験できないことで、普段の何気ない会話からも〝日本〟を意識することが多くなり、自分が〝日本人〟であることを再認識させられました。国民性や治安の良さ、日本製品の素晴らしさなどを褒められ、海外生活を通して〝日本〟を自然と強く意識するようになり、それは〝祖国日本〟という意識を芽生えさせました。愛国心と言ってもいいかもしれません。

そういう意識・感情が日々強くなっているからこそ、今の祖国日本が、ゆっくりと崩れていく様を見ていて、心配で仕方がありません。政治的にも、経済的にもです。

私はかつて塾講師をしていたとき、中学社会を担当していました。

中学の歴史教育では本当に学ぶべきことを学ばせることができていないのではないかと思います。明治時代までは詳しく時間をかけて学びますが、昭和～平成に関する内容は駆け足で授業が進みます。公民を3年生で習うため、時間的に仕方がないと諦めているのが現実です。

たとえば「ヒトラーが悪者だった」ということは学びますが、「なぜ国民はヒトラーに熱狂したのか」という当時の社会の様子を学ぶことはありません。それこそ知るべきことではないでしょうか。

社会主義や共産主義という言葉は学びますが、抽象的なことしか学びません。ソ連で行われていた結婚・離婚の簡略化、性の解放、子どもの教育を親ではなく国がすることによる『家族』の破壊、キリスト教に基づく『伝統的な夫婦の価値観』の破壊があったというようなことは学びません。今まさに欧米で左翼により進められていることであり、日本に持ち込まれようとしている思想です。

もっと身近なものですと薬害の歴史があります。1961年サリドマイド、1970年スモン、1983年薬害エイズ、1996年薬害ヤコブ病、2002年薬害肝炎、日本政府の対応の遅れにより、被害が拡大したものばかりですし、現在進行形で思い浮かぶものはありませんか？　この切迫した現実から目を背けるわけにはいきませんよね。

「歴史は繰り返す」と言いますが、現在の状況は過去から学ばなかったことが大きな原因なのは疑いようもありません。私たちが過去から学び、現在に活かすことに注力すれば、繰り返す愚行を少しでも押さえ込むことができるかもしれません。

世界は常に変わり続けています。その変化は常に良いものであるとは限りません。たとえば、カナダやアメリカは良い意味でも悪い意味でも、日本よりも進んでいる点があります。過激なジェンダー政策と行きすぎたLGBT権利向上がその一例です。カナダは過激なジェンダー政策に呑み込まれる一方ですが、アメリカでは過激なジェンダー政策に対する保守側の反撃も始まっています。明日にもまったく同じことが日本でも起こるとは思いません。しかし、5年、10年先の日本で起きるかもしれないことだと思っています。

特に行きすぎたＬＧＢＴ権利向上を求める動きや、ジェンダー平等を求める動きの広がりは危険だと思っています。日本のメディアがまったく報じないカナダやアメリカの現実を通して、日本は今のままで本当に良いのか考える一助になるよう、左翼リベラルの推し進める過激思想の現実を第１章〜３章にかけて紹介します。そして、第４章ではカナダで私が体験した大事件の経験を紹介しますが、ここが本書で最も読んでいただきたい章です。

本書が〝日本から見た日本〟ではなく**〝海外から見た日本〟**という違った視点から日本の現在と未来を考える材料になれば幸いです。

北米からの警告
ジェンダー政策、緊急事態法が日本の未来を破壊する

目次

第2章　被害者の声

元トランスキッズからの教訓

第3章　見せかけの自由

カナダの現実から学ぶ日本の未来

第4章 フリーダムコンボイ
失うことで学んだ〝自由〟の大切さ

第5章　亡国の危機

恐怖をコントロールする手口

装丁／赤谷直宣（禅コーポレーション）
DTP／キャップス
校閲／麦秋アートセンター
編集担当／浅川亨

第1章

LGBTビジネス

左翼が社会を破壊する手法

■39年前の警告

これから紹介していく欧米で起きていることとまったく同じことが、今の日本にそのまま起こるとは想像ができません。

しかし、ポケベルが携帯電話になり、今ではパソコンや高性能カメラと遜色ない機能を兼ね備えた高性能スマートフォンをひとり1台持つ時代になりました。このような現代の姿を想像できていた人はいたでしょうか。何が起きるかわからない、〝常識〟というのは、常に変化し続けるのが現実なのです。

この常識の変化は自然に見えて、実は意図的に起こされていることがあります。いま欧米で起きている常識の変化を、とある人物の39年前の警告を知った上で見てみると、欧米国家が危機的状況に瀕していることがよくわかります。グローバル化が急速に進んでいる今日の日本も、対岸の火事ではなくなるかもしれません。

ユーリ・アレクサンドロヴィチ・ベズメノフという、旧ソ連で将校の息子に生まれ、ロシア諜報機関ＫＧＢのスパイとしてインドで工作活動をしていた人物がいます。

彼は１９７０年にアメリカ大使館の助けでカナダに亡命し、その後、共産主義の危険性を、工作活動をしていた実体験に基づいて警告しました。エドワード・グリフィンが１９８４年にベズメノフに行ったインタビューは非常に有名で、彼の言葉を知った上で、今の欧米、日本を見つめると、危機的状況に瀕していることがよくわかります。

みなさんはスパイ工作活動をする諜報機関が、どのような活動をしていると思いますか？　私は、スパイによる機密情報の奪取や、情報操作を含めた工作活動がメインだと思っていました。ベズメノフは、そのような典型的な諜報活動は、KGBの時間・予算・人員の15％に過ぎないと言います。では、大半は何に使われるか？　長期間かけて行われる〝イデオロギーの破壊〟です。KGB用語では『積極工作』とか『心理戦』とも呼ぶそうです。

イデオロギーの破壊とは、人々の〝現実に対する認識を変えさせること〟を指します。つまり、映画で見るような軍事色のある活動ではなく、日常に溶け込んだ活動をし、特別な人物を狙うわけでもなく、一般人に影響を与えることを目的として動いているということです。イデオロギーの破壊は具体的に4つの工程で行われます。

第1段階：モラルの破壊…15～20年
第2段階：不安定化…2～5年
第3段階：危機…最大で6週間程度
最終段階：正常化

第1段階の【モラルの破壊】に15年〜20年かかります。

これは、一世代を共産主義イデオロギーで洗脳するためにかかる時間です。つまり、教育です。教育を通じて、大人ではなく、子どもに影響力工作をかけるのです。メディアや大学教授などを使うことで、浸透させていきます。欧米の現状を知る者なら、ドキッとするでしょう。まさに起きていることです。

第1段階を通じ、人々はまともな判断ができなくなります。真の情報をどれだけ見せても、考えを変えることはできません。〝常識〟という形で、からだに染みついているからです。

では、こうなった場合、どうすればいいか。それは〝痛み〟を与えることです。プロローグで言及した通り、私自身も失うことによる〝痛み〟で、自由の大切さに気づくことができ、考えが大きく変わりました。

ただ、このようなショック療法をすべての人にすることは難しいので、自然に直すためには、また教育を建て直す必要があるため、15〜20年程度がかかることになります。私見ですが、インタビュー当時の1984年と違い、この期間はギュッと短縮されているかもしれないと思っています。

ネット・SNSの普及です。インタビュー当時とは情報伝達、世間の変化のスピードが段違いになっています。とはいえ、教育で染みついた考え・価値観を変えることは容易ではないことに変わりないでしょう。

第2段階の【不安定化】は、経済・外交・防衛など、国の仕組みに関わるものを不安定化させます。

目的は、政府の権力を肥大化させ、〝大きな政府〟をつくることです。

達成できる見込みのない耳障りのいい公約を掲げ、そこにメディアやセンモンカを利用することで国民の支持を集め、政府の肥大化を国民に受け入れさせるのです。今のアメリカが典型例ではないでしょうか。国の仕組みの観点から言えば、コロナ騒動はまさにこれだと思います。人々は散々恐怖を煽られたことにより、命を守るため、政府やセンモンカの言うことを盲信しました。その結果、日本だけでも100兆円以上の税金が湯水の如く使われ、世界各国で政府により〝公衆衛生〟の名のもとに、国民の権利制限が行われました。現在はWHO（世界保健機関）の権限を増大させ、まるで世界政府のようなものをつくりあげようとする動きもあります。

大きな政府の目的は人々の支配に他なりません。かつての私は、個人の自由の大切さを軽視していました。ですから、「政府による支配を受けても、生活が変わらなければいいのではないか」と思っていました。

この考えには大きな穴があります。政府に絶大な権限を与え、生活が変わってしまった時点では手遅れなのです。国家権力は思った以上に絶大で、悪用された場合、国民が反抗することはできなくなります。私はカナダで手遅れになった瞬間を体感しました。国家は常に国民のためにある善良な組織であるとは限らないということです。

「政府や権力者による支配」というと、陰謀論のように聞こえるかもしれませんが、真剣に考えなければならない脅威であるのです。

第3段階の【危機】は内戦、革命、外敵の侵入による危機です。すでに仕上げの段階で、それまで大きな政府をつくるために便利だった〝使い勝手のいい馬鹿＝左翼理想主義者〟は用済みになり、消されます。ここで大きな政府が救世主のごとく現れ、国民を救うことで、第4段階の【正常化】、つまり、政府の意向に沿う同化が進められていきます。

これからアメリカやカナダで起きている現実を紹介しますが、ベズメノフの39年前の警告、特に第1段階のモラルの破壊を念頭に読み進めると、日本に持ち込まれようとしている欧米で推進されている概念の危険性を感じることになるのではないかと思います。

■ブリッジス教授の主張

男性も妊娠できる――こんなことを言えば、数年前までは鼻で笑われ、冗談扱いされました。

しかし、今ではアメリカの有名大学の教授が真面目な顔でこのことを主張します。アメリカ国内でトップ10以内に入る有名なカリフォルニア大学バークレー校のロースクール（法律）のキアラ・ブリッジス教授の2022年7月上院小委員会の中絶に関する議論での一幕。

公聴会でブリッジス教授は、“People with a capacity for pregnancy”（妊娠できる人）という遠回しな言い方を連発していました。これに対しジョシュ・ホーリー連邦上院議員は、「あなたのその表現は女性のことを指していますか？」と尋ねました。

「トランスジェンダー（元男性）、ノンバイナリー（自称無性別）も含みます」と、ブリッジス教授は返答。我々人類の科学で説明できない妄想世界の話に戸惑うホーリー議員に対し、「あなたの一連の質問はトランスフォビック（トランスジェンダー嫌悪）であり、彼らの存在を否定する暴力的なものだ」ブリッジス教授は言います。

その上で、「男性は妊娠できると思いますか？」とホーリー上院議員に尋ねます。ホーリー上院議員は「できない」と答えました。これに対しブリッジス教授は、「あなたは立派なトランスフォビックです」と不気味で不自然な笑顔で言い放ちました。

LGBTという言葉がレインボーの旗と共に世界に浸透していっていますが、明らかに異常なことになっています。「男性も妊娠できる」という超理論はアメリカだけでなく、世界中の政治家・専門家・著名人が共有する思想で、真面目な顔をしてこのようなことを主張しています。

前著でも扱ったアメリカの過激なLGBT問題ですが、前著ではアメリカ保守層の戦いにフォーカスした内容でした。本書では、カナダやアメリカで起きている他の実例をもとに、日本に持ち込まれようとしている問題がどのようなものなのかをお伝えしたいと思います。

私自身、友人にLGBTとカテゴライズされる人は何人もいます。そして彼らを差別するような発言は許すつもりはありません。本書では差別の意図を持った話ではなく、社会構造の観点からの話であることを念押ししておきます。

まず、〝そもそもLGBTとは何か〟からです。報道によって使われるアルファベットの数は様々です。左ページで図にまとめてみました。

男性か女性かという、身体的な性別・性差に加え、〝ジェンダー〟と言われる社会的な性別・性差の〝性自認〟〝性的指向〟〝性表現〟を組み合わせた言葉がいくつも存在しています。図に入れきれていないものもありますが、これだけでお腹いっぱいではないでしょうか。

〝性自認〟は、自分自身の性をどう思っているかということで、たとえ男性器があり、生物学的に男性でも、自分のことを女性と思っているのであれば、その人の性自認は女性です。〝性的指向〟は、表では〝恋愛対象〟とまとめましたが、どのような性を好きになるかということです。たとえば、男性を好きになるのであれば、あなたの性的指向は男性と言えます。

〝性表現〟は、自分自身をどのような性として見せたいかということです。男性らしい服装を

LGBTの意味とカテゴライズ

性別
男性か女性か

性自認
心の性

性的指向
恋愛対象

性表現
どう見られたいか

L	レスビアン	女性同性愛者
G	ゲイ	男性同性愛者
B	バイセクシュアル	両性愛者
T	トランスジェンダー	体と心の性別が違う人（性同一性障害を含む）
T	トランスセクシュアル	性転換手術済みか、希望者
Q	クイア	同性愛者などを表す広い意味を持つ
Q	クエスチョニング	自分の性に疑問を持つ人
2S	トゥースプリット	女性と男性の魂を持つ第3の性
I	インターセックス	生物学的に両性の特徴を有する、間性
A	アセクシュアル	異性・同性に恋愛感情を持つ人
A	ストレート・アライ	ストレートだが、LGBTに理解のある人
P	パンセクシュアル	性別関係なく恋愛感情を持つ人（全性愛）
P	ポリアモラス	複数の人と同時に関係を持つ・理解ある人
O	オムニセクシュアル	パンセクシュアルとほぼ同等として使われる
G	ジェンダークイア	男性でも女性でもなく、細かく多岐に渡る

LGBT
LGBTQ
LGBTQ2S+
LGBTQIA
LGBTTQQIAAP

ジェンダークイアを細かく分けると

ニュートロワ	ジェンダーが中立、または存在していない人
アンドロジン	男女のジェンダーが混同している人
アジェンダー	ジェンダーがない人
ジェンダーレス	ジェンダーという概念がないと思っている人
バイジェンダー	2つのジェンダーを持つ人
トライジェンダー	3つのジェンダーを持つ人
パンジェンダー	全てのジェンダーを持つ人
ジェンダーフルイド	ジェンダーが流動的で定まっていない人

※セグメントには見解が分かれているものもあります

※一般的にセクシャルは生物学的な性別を表す。ジェンダーは社会的性別を表す。

する、女性らしい服装をするなどが挙げられます。

これ以外にも様々な要素を組み合わせたものがあり、かつては、〝LGB〟だけでしたが、気づけばTが追加されLGBT、さらにQが追加されLGBTQに。かと思ったら、色々と付け足されてLGBTQ＋。他にも、LGBTQ2S＋。LGBTTQQIAAPという表記が使われることもあります。2022年6月6日、カナダの最大都市トロントの小学校組合の実施したトレーニングでは、LGGBDTTTIQQAAPPというようなことになっています。

同性愛者の権利向上運動だったはずが、トランスジェンダーが最も注目を集めていて、そこに変幻自在に性別が気分で変わるものが入り、訳がわからないことになっているのです。

■我々は記号ではない

前著でも紹介しましたが、LGBTと社会から勝手にカテゴライズされている当事者からは、「我々は記号ではない」という意見を聞いたこともあります。一方的にアルファベットを当てはめることは失礼なことかもしれませんし、そっとしておいてほしい人もいることを、活動家の方々は忘れてはならないと思います。

私が最も大きな問題だと思うのが、成人でも理解できない難解なことを、まだ分別のつかない小学生くらいから学校で教えているところが世界にはあることです。男子と女子の違いすらもよくわかっていないような子たちに教えるべきことではないと思います。カナダやアメリカの一部過激リベラル州では実際に起きていることで、詳細は後述します。

日本では『SDGs』というものが流行っていると思います。２０１5年に国連で採択された、“Sustainable Development Goals”（持続可能な開発目標）として17の国際目標、１６９の達成基準、２３２の指標が定められたものです。第5の目標は“Gender Equality”（ジェンダー平等を達成しよう）。嫌な予感しかしません。

２０２２年後半あたりから、SDGsの一環として、コオロギなどの昆虫食を、メディアや政府が不自然なほど激押しし始めたところを見ると、学校教育の場に過激なジェンダー教育を持ち込み始めても不思議ではありません。

幸い、海外と違い、過激ジェンダー活動家のような過激な教師は日本にはいないと思いますので、すぐにとは思いませんが、コオロギを食えと言われるようになることを誰が想像できたでしょうか？　数年後の未来がどうなっているかはわかりません。

ちなみに、コオロギごときで、46億歳の地球先輩のためになるとは到底思えませんし、地球先輩を舐めるなと言いたいです。食糧危機に備えてというのであれば、虫を食べろと言う前にまずは農家を減らし続ける政策をどうにかするべきだと思います。

■エマニュエル駐日アメリカ大使のツイート

２０２３年2月4日、日本メディアは荒井勝喜首相秘書官の失言を大きく報じた。事の発端は、２月1日の衆議院予算委員会で、岸田首相が同性婚に関して「制度を改正すると、家族観や価値観、社会が変わってしまう課題だ」と答弁したことから始まりました。

荒井元秘書官は、３日に記者団から岸田首相の答弁に関して問われた後オフレコで、性的マイノリティ蔑視発言をしたのです。具体的には「（同性婚の人を）見るのも嫌だ」「隣に住んでいるのもちょっと嫌だ」と本音を漏らしていたのです。

翌日、荒井元秘書官は発言を撤回しましたが、岸田首相は「言語道断である」として、更迭処分を下しました。

先述しましたが、私はすべての人にとって暮らしやすくなるといいと思っています。一方で、同性婚を制度として認めること、法律として何かしらの規制をかけることには反対です。

本書の執筆を始めた2月中旬、この一連の騒動を皮切りに、２０２１年にあったLGBT法案を成立させる動きが再燃し始めました。

2月17日、ラーム・エマニュエル駐日アメリカ大使はツイッターに「警察官、教師、議員などの公職者。ＬＧＢＴＱＩ＋コミュニティーは多彩であり、みな家族です。そして頼れる存在です。日本は世界的にインクルージョンを擁護しています。連邦議会の議員平等幹部会で共同議長を務めるマーク・タカノ下院議員と共に、日本の国会が民意を反映し、差別に反対すると信じています」と日本語で投稿し、LGBT法案を成立させるように圧力をかけているのではないか？　と保守層を中心に、反対意見で溢れていました。

さらに4月22日以降もLGBT法案を成立させるように求める投稿を連投していて、まるで活動家のようなことをしています。コメント欄は「ひっこんでろ」「しつこい」「まずは自分の国で成立できてから言え」「内政干渉するな」と非難殺到でした。

また、極左アメリカ連邦下院議員で有名なアレキサンドリア・オカシオ＝コルテス（通称AOC）は、2月に日本を訪問し、「G7諸国の中で明確に一致する点についてメッセージを打ち出すことは、G7全体として重要で、日本が婚姻の平等だけでなく、LGBTコミュニティー全般の認識で前に進むことは極めて重大なこと」とメディア取材に応え、その後自身のインスタグラムのライブでは、「日本の政府高官の差別発言に驚いている」「平等な婚姻とLGBT保護の法案を成立させることは、日米関係に非常に重要なものになる」と発言しています。

日米関係にどう良い影響があるのかはさっぱりわかりませんが、日本内部からは一部の自民党議員・公明党議員・野党、外部からはこのようなアメリカの有力者やただ声のデカい議員などからLGBT法案成立を求める声が出ています。

圧力をかけてきているアメリカでは、その過激なジェンダー政策の末路として、様々な弊害が発生しています。

たとえば、かつてはLGBTとカテゴライズされている人々の権利向上を求める活動のひとつだった〝プライドパレード〟。

2022年のプライドパレードでは、全裸で男性器を堂々とぶら下げ、子どもたちの前を練り歩く変態たちの発散の場に成り下がっています。カナダのトロントで開催されたプライドパレードでも同様のことが起きています。

前著ではヴァージニア州で、女装をした男子生徒が女子生徒がひとりでトイレに入ってきたところでレイプし、それが過激ジェンダー政策を推し進めたい教育委員会により揉み消されていたことを紹介しました。ふたり目の女子生徒が犠牲になったことで、ようやく事実が明るみになり、この男子生徒の裁判で、実は3人目の犠牲者もいたことが発覚しています。

■ネオマルクス主義モデル

岸田首相は同性婚に関して「家族観や価値観、社会が変わってしまう」と述べています。LGBT問題でこの同性婚は必ず取り上げられる問題ですが、LGBT問題の本質的な問題は社会の破壊に繋がることです。

たとえば、過激なＬＧＢＴ運動は、キリスト教の伝統的な宗教観の破壊を起こしています。自分の性自認に合わせた代名詞を自分で選ぶことを左翼は推進しています。本来であれば男性はHe、女性はSheですが、自分の性自認に合わせ、男性でもShe、女性でもHe、中にはTheyを使う人もいます。これは文法を破壊しているとも言えますが、伝統的な文化の破壊に他なりません。左翼リベラルがフル活用しているＬＧＢＴが破壊しているものに共通しているのは、社会を形成している基礎だということです。

マギル大学人類学名誉教授のフィリップ・カール・サルツマンは過激なＬＧＢＴ思想は「ネオマルクス主義モデルだ」と指摘します。

『Epoch Times』の記事〝IN-DEPTH: Experts Link Transgender Ideology to Elevated Risk of Violent Radicalization〟（詳細：トランスジェンダーのイデオロギーと暴力的な過激派のリスクの上昇の関連付け）では、トランスジェンダーを自称する人がアメリカで銃乱射事件を起こしたり、計画したとして逮捕されたニュースが集中していたことに関するインタビュー記事で過激ＬＧＢＴ思想の危険性に言及しています。

ネオマルクス主義ではあらゆる分野で社会を〝抑圧している者たち〟と〝犠牲者〟に分断し、犠牲者は潔白で、抑圧している者たちは悪魔であると教え込みます。そして、これは犠牲者だと認識している人々が抑圧している者たちをヘイト（嫌悪）することを正当化させていて、社会の公正化（ソーシャルジャスティス）のためなら暴力も許されるというのです。

具体的には、マルクス主義は社会階級を資本家階級と労働者階級に分断、批判的人種理論は人種を白人とマイノリティに分断、過激なフェミニズムは性別を男性と女性に分断。そして、過激LGBTイデオロギーはシスジェンダー（性別と性自認が一致）とヘテロセクシュアル（異性愛者）の規範をトランスジェンダーを苦しめる悪魔のようなものであるとしています。

一般的に〝普通〟と言われる人々をトランスジェンダーの敵とみなすということです。LGBTカテゴリの中にストレート・アライ（LGBTに理解のあるLGBTではない人）が組込まれているのもそのためで、LGBTに賛同していることを〝表明〟していないやつは敵とみなすという警告に思えます。

■犠牲者イデオロギー

これらの思想・思考に共通しているのは「自分の問題はすべて他人が自分にしたことの結果だ」という偏執的な考え方です。「私の問題は私の問題ではなく、私に押しつけられた問題」「私は悪くない、悪いのは社会だ」ということです。

労働者の生活が苦しいのは経営者のせいだ、黒人の生活水準が低いのは白人のせいだ、女性が活躍できないのは男性のせいだ、トランスジェンダーが堂々と生活できないのは普通の人のせいだ、悪いのは私じゃない、社会だ。「だから、これらの問題を解決するため、多少の犠牲を払ってでも社会を変革させるべきだ」という革命思想が過激思想の背景にあります。

オタワ大学元教授のジャニス・フィアメンゴは、このような「私は悪くない。悪いのは社会だ」という思考を〝犠牲者イデオロギー〟と呼んでいます。

また、「犠牲者イデオロギーの主要な問題は必然的に〝怒り〟を生み出すことだ」と指摘。「犠牲者と思っているグループだけが不平等な犠牲者になっていて、もう一方は何も被害を受けていないと思い込んでいる。苦しみは人間の一部であり、苦しみを受け入れることは全体と健康のために必要なことであると理解する、ほとんどの世界の哲学や宗教の知恵を否定するものだ」と述べています。怒りが原動力になっているため、たとえ当事者であろうとも、思想に沿わない者は異端者だと攻撃に遭う理由のひとつです。

たとえば、LGBTとカテゴライズされている当事者が、日本のLGBT差別禁止法の危険性、必要ではないということを主張すると、LGBTの当事者ではない活動家の人たちに一斉攻撃に遭うという捻じれたことが起きています。

〝社会の破壊〟が目的で活動している左翼活動家もいれば、意識せずにそれに加担している人もいます。タチが悪いのが意識していない層です。

私は彼らを【社会正義マン】と呼称していますが、「弱者のために立ち上がっている自分かっこいい」というナルシシズムが原動力になっている人、「あなたのために、これだけのことをやってあげているのよ」という、良い言い方をすれば優しい、悪い言い方をすればお節介な自己満足の人、〝すべてを受け入れる〟という優しさが暴走し、善いことと悪いことの境界線が曖昧でモラルが崩壊している人。モチベーションはなんであれ、無自覚に社会の破壊に加担している人々がいるのです。

もちろん、本気で公平・公正な世界を求めている人もいるでしょうが、〝社会正義〟という反論を許さない言葉を掲げたその先に待つ未来は、果たして明るいものなのでしょうか。意図的なのか、それとも無意識なのかどうかは横に置いておきまして、社会の破壊に繋がることが問題です。また、社会の破壊という壮大な話だけではなく、もっと現実的な犠牲もあります。

女性と子どもです。

どういうことなのかを、〝トランスジェンダー〟という概念を急進したことによる社会問題、トランスジェンダーの治療を大人に押し付けられた子どもたちの体験談などを基に、社会正義マンの犠牲者の実態を紹介します。

■矛盾する女性の権利とトランスジェンダーの権利

かつて女性の権利向上を求める運動により、女性参政権や社会進出の実現ができました。２０２２年6月24日、アメリカの連邦最高裁判所が『ロー対ウェイド判決』を覆す歴史的な判決を出しました。

『ロー対ウェイド判決』とは、１９７３年に連邦最高裁判所が「中絶の権利は合衆国憲法で保障されている」と判決を出し、それまでアメリカのいくつかの州にあった中絶禁止の州法を違憲にした重要判決です。それから49年の時を経て、連邦最高裁判所がこの過去の判決の誤りを指摘し、判決を覆しました。

過去の誤りとは、合衆国憲法に中絶に関して何も書かれていないにもかかわらず、「憲法が保障している」と拡大解釈をしたことです。この判決で重要な点は、連邦最高裁は州議会に中絶を規制・禁止するのか、認めるのかを決める権利を返しただけだということです。

多数派意見文を書いたサミュエル・アリート判事は「中絶問題はアメリカ人が激しく対立する難解なモラル問題だ」と指摘し「各州が各州民の考えに従った対応をすべきであり、過去の連邦最高裁判決が憲法のフリをしてきたが、州議会に決定権を返すときが来た」と判決理由を述べています。

この判決に対し、左翼リベラル社会正義マンたちが激怒。5月に判決文のドラフト版が流出するという前代未聞の事件が起き、6月24日に正式に判決が出るまで、最高裁判官の自宅前や、連邦最高裁判所前で抗議活動をしました。

実はこの抗議活動は明らかな犯罪行為でした。武器を所持している危険人物の逮捕までありましたが、危険かどうかは関係なく、裁判官の判決に影響を及ぼそうとする行為は米国連邦法典第18編第1507条で1年以下の禁錮刑か罰金が科せられる犯罪行為です。

左翼メディア『ワシントン・ポスト』でさえ、記事"Protesting at justices' homes is illegal. What is Biden doing about it?"（裁判官の自宅への抗議は違法。バイデンは何をしているのか？）で、明確な違法行為であり、バイデンが何もしないこと、司法長官のガーランドが何もしないことを指摘するという、不思議なことになっていました。

2023年3月28日、連邦上院予算委員会で司法省の内部文書が公開されました。

最高裁判官の自宅警備を担当していたのは連邦保安官局ですが、なんとバイデン司法省が連邦保安官局に「第18編第1507条での逮捕を極力しない」ように要請していたのです。実際、数週間にわたって続いた違法な抗議活動で逮捕された人は、すべて別の犯罪で逮捕されていて、内部文書通りでした。

議会で大嘘を連発していることで有名なメリック・ガーランド司法長官は「最終的な判断は

連邦保安官局であり、司法省からの通達は関係ない」として、適切な法執行活動をしなかった責任をすべて連邦保安官局に丸投げしていますが、ルール無用で暴れまわる左翼の後押しをバイデン政権がしていたことは明らかです。話を戻しまして、左翼リベラルは連邦最高裁の判決を「女性の権利を奪われた」と大騒ぎ。アリート最高裁判事も判決文で指摘していますが、中絶を巡る議論で最も意見が割れるのが、胎児をどう扱うかです。

中絶に反対する人は、胎児も人間であり、中絶は純真無垢で意見を何も主張することができない赤子を殺す、殺人行為と変わらないと考えます。

一方、中絶推進派は、胎児を母体の一部と考えます。母親が自分のからだの一部をどうしようが母親の自由。爪を切るか、髪の毛を切るかを決めるのと同じで、生むか生まないかを決めるのも女性の権利。だから、「中絶の権利は〝女性の権利〟だ」と主張しています。彼らは女性の権利を守るために戦っているのです。ところが、本書の第1章と2章で扱う**過激LGBT問題で、女性の権利を侵害しているのも、同じ人々なのです。**

たとえば、女性のスポーツに元男性トランスジェンダーが参加することを過激LGBT活動家は求めています。理由はトランスジェンダーの権利を守るため。女性がフェアな競技に参加する権利を侵害してでもトランスジェンダーの権利を守ろうとしているのです。

トランスジェンダーと自称している人すべてに自分の好みの更衣室やトイレを使用すること

も求めています。男性器をあらわにして、堂々と女性の前で着替えることも、トランスジェンダーの権利なのです。これは日本の銭湯や温泉で同様のことが起きることが危惧されています。すでに世界で起きていることであり、「日本は大丈夫」という保証はありません。変態を舐めてはいけません。このような矛盾を抱える左翼リベラルの暴走により、女性の権利が侵害されるだけでなく、子どもたちもその犠牲者になっています。

■過激ジェンダー政策の犠牲者は子どもたち

歯止めの効かない過激ジェンダー政策の犠牲者は子どもたちです。

大人たちの思想・信条により、人生を台無しにされてしまっている子どもが後を絶たないのです。第2章で詳しく紹介しますが、取り返しのつかないことをしてしまったことに気づいた人々が訴訟を起こしています。

LGBTの権利向上を求める動きは、〝LGBTの人々への理解を深める〟という名目で、学校教育に浸透しているところがあります。単なるLGBTとカテゴライズされている人々を〝知ろう、理解しよう〟というものではありません。

「あなたもLGBTではありませんか?」が大前提にあります。そして〝自分らしく〟という

レイチェル・レヴィン次官補。写真：代表撮影 / ロイター / アフロ

大義名分の下、〝性別を変えること〟を勧めることに繋がってきています。

これはバイデン政権の人事からもわかることです。レイチェル・レヴィンは保健福祉省次官補で、公衆衛生局士官部隊大将に任じられた人物ですが、トランスジェンダーを公言している人物です。

生物学的に男性で、2011年にトランス女性になったことが報じられています。ホルモン治療や外科手術を受けたかどうかは、プライバシーの観点から公表していません。

レヴィン次官補は、未成年のうちに〝ジェンダー・アファーミング・ケア〟をすることを推奨しています。ジェンダー・アファーミング・ケアとは、トランスジェンダーを自認している未成年・青年に性徴抑制剤の使用、ホルモン治療をすることなどを指します。後述しますが、現場から問題視する声が上がり始めていますが、無視されています。レヴィン次官補は、ジェンダー・アファーミング・ケアへの批判を「ハラスメントだ」と非難し、「医療の専門家、小児科医などの間で、ジェンダー・アファーミング・ケアの価値や重要さを疑う議論は一切ない」とまで断言しています。

また、保健福祉省は2022年3月に若者に対するジェンダー・アファーミング・ケアのファクトシートを公開。2ページの短いものですが、内容を簡単にまとめると「若者に対するジェンダー・アファーミング・ケアはまったく問題がなく、精神状態の質を上げることができるため、積極的に受けましょう」というものでした。2ページ目の表には、外科手術を除いて、治療をしても、元の体に戻ることが可能であり、リスクはまったくないかのようなものが掲載されています。後述する現場からの告発を踏まえ、このレヴィン次官補の発言や、保健福祉省のファクトシートの内容の是非を判断していただけたらと思います。

■ジェンダー・アファーミング・ケアとは?

まずはジェンダー・アファーミング・ケアとは何かを保健福祉省のファクトシートと、『ロイター通信』が2022年11月18日～12月22日に、4回に分けて特集したトランスジェンダー治療特集、2023年2月27日の『Epoch Times』の記事を参考に、もう少し深掘りします。

ジェンダー・アファーミング・ケアとは、トランスジェンダーやノンバイナリーの人に対する、内科・外科・メンタルヘルスケア・非医療サービスの総称とされています。

ジェンダーディスフォリア（性別違和）と診断された場合、できるだけ早期にジェンダー・アファーミング・ケアを受けることが推奨されています。

ジェンダーディスフォリアとは、生まれ持った生物学的な性別と性自認が異なることが原因で、違和感やストレス、不快感を覚えることです。ジェンダー・アファーミング・ケアには具体的に４つのケアがあります。

①ソーシャル・アファーメーション

年齢を問わず、いつでも始められるジェンダー・アファーミング・ケアです。

髪型・服装・名前・ジェンダープロナウン（代名詞のHeやSheなど）・トイレや更衣室などを、性自認に合わせて変えることです。幼児教育から取り入れようとする動きも出ています。

②二次性徴抑制ホルモン治療

小学生高学年～中学生くらいにかけて、男性・女性としての急激な発達が見られる第二次性徴を迎えます。ここで、ホルモンの分泌を抑えることで、成長を止め、その後のホルモン治療に移行しやすくします。GnRHアゴニストと呼ばれる、性腺刺激ホルモン放出ホルモンを投与するのが一般的です。なじみがないかもしれませんが、名前は重要ではありませんし、薬剤は他にもあります。重要なのは、この薬剤の正式な用途です。

ＦＤＡ（アメリカ食品医薬品局）は、このGnRHアゴニストを前立腺がん、子宮内膜症の治療薬として承認していますが、ジェンダーディスフォリアの治療薬としては、承認していないのです。違法ではありませんが、抗がん剤を子どもたちに転用していると言えます。果たして、安全なのでしょうか。数か月に一度、注射で投与されます。

保健福祉省のファクトシートでは、〝Reversible〟（元に戻せる）とされていますが、どうなのでしょうか。ロイターの記事では「骨がもろくなる（骨粗鬆症）リスク」「脳の発達に悪影響が出るリスク」を指摘、２０１６年にＦＤＡは二次性徴抑制剤の製造会社に、副作用リストの中に〝自殺〟を追加するように通達しています。

③ホルモン治療

二次性徴抑制ホルモンの投与が終われば、次はホルモン治療です。自分自身がなりたい性別になるために、男性であれば女性ホルモンのエストロゲン、女性であれば男性ホルモンのテストステロンを投与します。ちなみに、二次性徴抑制ホルモン投与の有無は関係ありませんので、成人後に始める人もいます。投与期間は様々で、成人後に何年も続ける人もいれば、希望のからだを得ることができた時点で止める人もいます。

重大な副作用として不妊の危険があります。保健福祉省のファクトシートでは、"Partially Reversible"（部分的に元に戻せる）とありますが、どういうことなのでしょうか。

『Epoch Times』は２０２３年2月27日の記事"Transgender Hormone Therapy May Raise Stroke, Heart Attack Risks: Study"で、マーシーカトリックメディカルセンターの最新の研究を引用。ホルモン治療は虚血性脳卒中のリスクがほぼ7倍、心筋梗塞のリスクが6倍近く、肺栓塞症のリスクが5倍あると報告しています。研究チームは直接の因果関係があると断定はできないとしていますが「ホルモン治療は多くの副作用があり、リスクのないものではない」と取材で話しています。

④ジェンダー・アファーミング手術（性別適合手術）

ホルモン治療を済ませたら、最後は外科手術です。女性であれば「トップ手術」、胸を切除します。「ボトム手術」は男性器、女性器などを切除する手術です。近年では、トップ手術（胸の切除）に関しては、未成年の段階で行われるケースも増えてきています。保健福祉省のファクトシートでは"Not Reversible"（元に戻せない）とされています。

■アメリカのトランスジェンダー人口は?

近年注目を集めるＬＧＢＴですが、その中でも現在はＴ（トランスジェンダー）にフォーカスされているように思えます。

世界にどれだけトランスジェンダーを自認している人がいるかはわかりませんが、２０２２年６月にカリフォルニア大学ロサンゼルス校ロースクールのウィリアムズインスティチュートが、ＣＤＣ（アメリカ疾病予防管理センター）のデータベースを分析し、推計を発表しています。

全米で約１６３万人の13歳以上のトランスジェンダーがいるとされていて、これはアメリカ人口の約０・６％に当たります。もう少し細かい数字も発表されていて、18歳以上のトランスジェンダーは約１３３万人で、成人に占めるトランスジェンダーの割合は約０・５％、13歳～17歳の未成年のトランスジェンダーは約30万人で割合は約1・4％です。数字自体は小さく見えますが、年齢人口に占める割合は大人の約3倍です。

アメリカ国内でジェンダー・アファーミング・ケアをする病院はここ15年ほどで、ゼロだったところから１００を超える急増を見せています。キャンセル待ちリストにすら名前を入れてもらうことができない場所もある状態です。

ここ数年で爆発的にトランスジェンダーを自認する、または自認〝させられている〟子どもが増えたからですが、ジェンダー・アファーミング・ケアを受けている実数は不明。そこで『ロイター通信』はヘルステクノロジー会社と共同で大規模な調査を実施しました。

２０２２年10月６日の記事“Putting numbers on the rise in children seeking gender care”（ジェンダーケアを求める子どもが増えていることの数値化）で、２０１７年から２０２１年にジェンダー・アファーミング・ケアを受けた子どもの数を明らかにしました。

記事でも言及されていますが、６歳から17歳までの保険適用の記録から数字を割り出しているため、保険適用外の治療だった場合、カルテにジェンダーディスフォリアが記載されていないケースもあり、実態より過小なものである可能性が非常に高いです。

２０１７年から２０２１年の間に12万１８８２人の６歳〜17歳の子どもたちがジェンダーディスフォリアがあると診断されています。２０２１年だけで約４万２０００人で、２０１７年の３倍近く。異常な数字です。

二次性徴抑制ホルモンの投与を受けたのは４７８０人、ホルモン治療は１万４７２６人、外科手術は生殖器の除去が56件、胸の切除が７７６件でした。繰り返しますが、保険適用せずに、全額負担していた場合（特に外科手術）はデータに反映されませんので、実態は不明です。

このように、年々トランスジェンダーを自認する子どもが増えているのですが、それはなぜなのか。北米の実態から、考えてみることにします。

いま、左翼活動家により、日本に持ち込まれようとしているものかもしれません。対岸の火事だとは思わず、明日は我が身の精神で考えていただけたらと思います。

■ジェイミー・リードの告発

急激に広がる過激なジェンダー政策により、子どもたちが犠牲になっていると言及しました。ここからは、実際に現場に関与していた人物の告発を紹介します。２０２３年2月9日、『The Free Press』にジェイミー・リードという人物が寄稿しました。

記事のタイトルは"I Thought I Was Saving Trans Kids. Now I'm Blowing the Whistle"（トランスジェンダーの子どもを助けていると思っていた。今私は告発する）。

２０１８年から約4年間、実際にジェンダー・アファーミング・ケアの現場にいた人物が、自分自身が聞かされていたこと、信じていたこと、広めていたことが、実際にジェンダー・アファーミング・ケアに直接関与することで、間違っていたことに気づき、現場でどのようなことが起きているのかを告発したのです。

まず、告発者のリードがどのような人物かを知ると、より話の重みが増すと思います。リードは記事寄稿時42歳で生まれも育ちもミズーリ州セントルイス。クイア女性であり、思想は左

【二次性徴抑制ホルモンの推移】

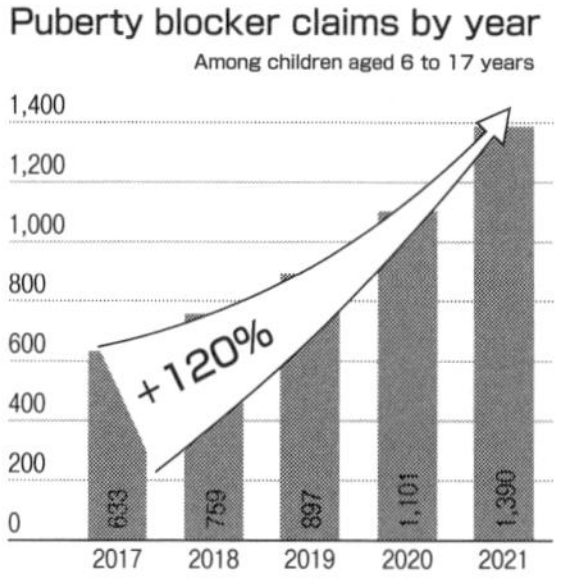

【ジェンダーディスフォリア診断数】

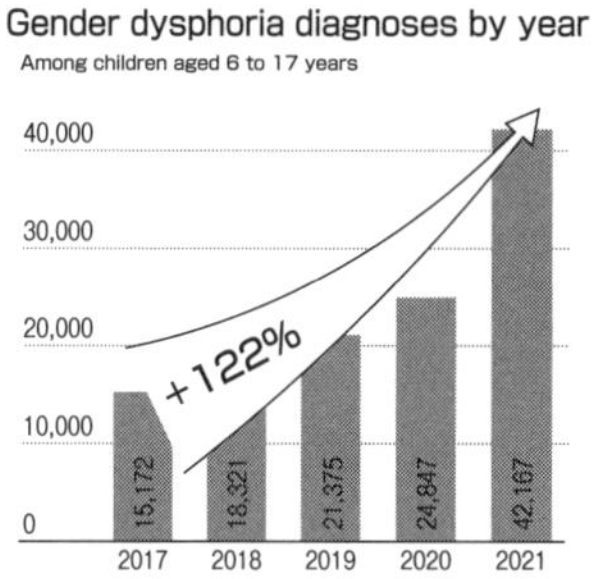

出典：https://www.dailymail.co.uk/news/article-11555429/More-young-trans-people-regret-procedures-crowdfunding-detransitions.html

翼を自称しています。バーニー・サンダースの支持者ということなので、ゴリゴリの左翼社会主義者であることがわかります。自分自身をクイアと自称していて、ＬＧＢＴムーブメントに賛同しています。２人の子どもを別れた夫との間に授かり、トランスマン（元女性で現在男性）と再婚後には３人の子どもを養子として迎え入れています。

リードは２０１８年、セントルイス子ども病院のワシントン大学トランスジェンダーセンター（以下センター）でケースマネージャーとして勤務を始めました。主な業務は新規の患者の受け入れと、治療中の患者（顧客）の管理です。

「センターは子どものジェンダーディスフォリアは早期に治療すれば、その後の苦痛を防ぐことができるという前提で管理されていた」「それは豊富な科学的な根拠に基づく合意であると思っていた」と振り返っています。

患者の多くは、不妊を含む、人生に大きな影響を及ぼす可能性のある、ホルモン治療を受けていました。リードが退職を決意したのは2022年11月。アメリカの医療が患者に約束している〝害を与えない〟と正反対のことをしていることに気づいたからでした。

■性別違和治療への違和感の始まり

勤務を始めた直後から、リードはセンターの治療方針に違和感を持つようになった。治療を受けるまでの公式な手順がなかったのです。

良い言い方をすれば、臨機応変かもしれませんが、ジェンダーディスフォリアの治療が必要かどうかの具体的な基準すらなく、すべては医師の独自判断だったとのことです。

また、新規患者の増え方にも異変が起きていました。リードが勤務を始める1年前の2017年にこのジェンダーセンターが新設されていました。

新設当初の新規患者問い合わせは月に10件程度でしたが、リードが退職する2022年11月までに、みるみる増えていき、毎月50人程度の新規患者の問い合わせが来るようになっていました。たった5年で、5倍。新規患者の約70％は女子で、同じ高校から集団でやってくるケースもあったそうです。

　未成年少女が多いことにリードは違和感を持ってはいたが、チームメンバーにそのことを言う勇気がなかったとのこと。なぜなら、トランスジェンダーに関する疑問を呈するものは、トランスフォビア（トランスジェンダー嫌悪）というレッテルを貼られ、職を失う危険があったからです。8人いるチームメンバーのうちリードと同じ懸念を抱いていたのは1人だけでした。

　ジェンダーディスフォリアを訴える新規患者の多くは、何かしらの別の疾患を抱えていました。うつ・不安・ADHD（注意欠陥多動性障害）・拒食症・肥満などです。また、自閉症、または、自閉症に類する症状を抱える患者も多かった。実際、イギリス小児トランスジェンダーセンターは、患者の3分の1が自閉症スペクトラム障害であると報告しています。

　リードの懸念は、ジェンダーディスフォリア治療に慎重意見を発信している専門家の多くが持つものです。つまり、本来はジェンダーディスフォリアではなく、別の疾患ではないか、という主張です。そもそもの診断が間違っているわけですから、解決になるどころか、さらに精神的に苦しめることになり、さらには後戻りができないこともあり得るのです。

　そして、治療をするまでの手順は、1回か2回の診察をセラピストが実施、そして、内分泌専門医へ紹介状を書き、内分泌専門医がホルモン治療のための処方量を決めます。これだけです。

精神科医による専門的な診察もなく、患者が「私はジェンダーディスフォリアです」と言えば、そのまま受け入れられている現実があるのです（一応精神科医はいるようですが、リードは治療を止めるところを見たことがないそうです）。

そして、治療に副作用のリスクがあります。リードの目には、治療を勧められる子どもたちが、副作用のリスクを理解しているようには映らなかったのです。

また、リードは未成年少女のグループだけでなく、もうひとつのグループが患者として紹介されていることに気づきました。精神病で入院している若い患者や、セントルイス子ども病院の救急部門から紹介された人たちです。

統合失調症・ＰＴＳＤ（心的外傷後ストレス障害）・双極性障害などを抱え、すでにかなりの量の薬が処方されている患者ばかりでした。ジェンダーディスフォリアを訴えていなかったとしても、「性転換治療こそが唯一の解決策である」のような対応をしているの見て、リードは薬品去勢をしているようにも感じたと振り返っています。

■性別違和治療の副作用

センターのホームページにはこのような記述がありました。

「ジェンダーディスフォリアを治療をせずに放置すると、自傷行為から自殺まで、様々な重大なことを引き起こす」

「しかし、ジェンダーディスフォリアを取り除き、子どものありのままを受け入れることで、その子を救うことができる」

「数々の研究が、子どもを精神的に引き上げることを示しています」

要は、「ジェンダーディスフォリアを解決すれば、何でも解決できることを、研究が証明している」とあるのです。後述しますが、治療の効果があるという研究結果はありません。あるにはありますが、データをチェリーピック（いいとこどり）したものであり、批判が多いのです。リードは「私の勤務経験から、これらは〝誤り〟であると証明できる」として、実際にリードの経験を明らかにしています。

①15歳少年のケース

2020年5月1日、リードは同僚から1通のメールを受け取りました。「この15歳の患者と家族はビカルタミドがどういうものか理解していない」という内容でした。リードは同僚に、一切の治療をせず、時間を取るべきであると返信をしました。ビカルタミドとは、二次性徴抑制ホルモンとして使われる薬剤の一種で、本来は抗がん剤として使われるものです。抗がん剤ですから、多くの副作用があります。結局この少年はビカルタミドの投薬を受け、その後、副作用のひとつの肝臓障害を起こしました。

②17歳少女のケース

リードはテストステロン（男性ホルモン）治療を始めた17歳の少女からの電話を受けました。少女の訴えは「膣からの出血が止まらない」というもの。

少女は厚手のパッド・ジーンズ・腰に巻いたタオルからも血が滲みだすほどの大量出血で、すぐに救急治療室に送られました。その後、この少女が性行為をしていたことが明らかになりました。大量出血の原因はテストステロンの影響で、膣内組織が薄くなり、性行為で膣管が破れ開いたままになってしまったのです。少女にはその場で鎮痛剤が投与され、緊急手術することに。リードたちがこのようなケースを見るのは、初めてではなかったとのことです。

③16歳少女のケース

リードの経験から、多くのジェンダーディスフォリアを訴える患者は、白人で、不安定な家庭で、ドラッグの使用歴がある子どもが多かったと振り返ります。

この16歳少女は黒人だった。16歳のころから、男性ホルモン治療を受け始め、18歳になったとき、トップ手術（胸の切除）を行った。ところが、トップ手術をした3か月後、この少女は外科医のもとに電話をします。「元の女性の名前、性別に戻る」「だから、胸を元に戻してほしい」というものでした。

外科医はリードらに連絡をし、対応を任せられました。リードたちは、この少女がドラッグ依存の過去があることを知っていたため、ドラッグに走っていないか、精神状態が良好か、自殺願望はないかなど、できうる限りの対応をしました。

そして、なぜ彼女が元の性別に戻ろうとしたのかを知ります。妊娠していたのです。残念ながら、この少女は生まれてくる自分の子どもに母乳を与えることができません。

16歳のころから治療を始めたということは、それよりも前に、何かしらの不安・違和感を持っていたことがうかがえます。それをジェンダーディスフォリアだと断定し、治療をしたが、妊娠をしたことで母性が目覚め、自分の性別は女性で合っていたことを認識することができたのではないでしょうか。

しかし、もう取り返しのつかないことをしてしまっています。大人たちの自己満足に付き合わされてしまった、悲しい末路です。急速に拡大しているジェンダー・アファーミング・ケアが、本当に必要な人に、適切な処置として施されているのかどうかを考えなければなりません。

■ディジスターズとディトランジショナーズの出現

リードは新規患者の受け入れや既存患者の管理をしているため、センターの中で最も全体が見えている人物のひとりでした。２０１９年、リードは治療した患者たちのなかにふたつの新たなグループがあることに気づきます。

"Desisters"（ディジスターズ）と"Detransitioners"（ディトランジショナーズ）です。ディジスターズとは、ホルモン治療などの性転換治療を途中で止める人々で、ディトランジショナーズは、元の性別に戻ることを希望している人々のことです。先ほどの③16歳少女がディトランジショナーズの一例です。

リードは唯一懸念を共有していたひとりのチームメンバーと相談し、医師にディジスターズとディトランジショナーズの追跡調査をするべきであることを訴えます。

リードたちは、医師も見落としていることが何かを検証するために賛同してくれると思っていましたが、「なぜ自分の患者でなくなった人のために、私の時間を費やさねばならないんだね」と、反対をされてしまいました。

リードは2020年春ごろから、何かをしなければならないと思うようになり、センター内で声を上げ始めました。そんな中でセラピストから州外の16歳少年の対応の支援を求められました。

「州外の少年の両親はセラピストの診察を受けることは前向きだが、ジェンダーに関しては協力的でなく、少年は両親にジェンダーアイデンティティ（トランスジェンダーであること）を知られたくないようで、ジェンダー・アファーミング・ケアをしてくれるセラピストを探すのに苦労している」というものでした。

これに対し、リードは「倫理的に未成年の患者の両親に知らせず、話し合うことなく治療を進めることに賛成できない」と返答しました。当然だと思います。

このようなジェンダー・アファーミング・ケアに疑問を呈するリードに対し、センター内の反応は推して知るべしです。

それまで業務査定で高評価を受けていたリードでしたが、2021年に「判断」「仕事上の人間関係／協力性」で平均以下の評価を受けたのです。そして、2022年夏、チームの目の前で、リードともうひとりの賛同者に対し、医師団は「薬、科学、医師の権限（判断）に疑問を口にするな」と釘を刺します。呼び出されて個別に話をされるのではなく、センターのメンバーがいる目の前でです。その後、上司から呼び出され、「賛同するか、辞めるか選べ」と言われ、２０２２年11月に退職する決意を固めました。

退職後、リードはミズーリ州司法長官アンドリュー・ベイリーに正式な苦情申し立て書を提出。その中には『The Free Press』には書かれていないことも記されていました。

たとえば、センターの医師は、子どものジェンダー・アファーミング・ケアに同意するように圧力をかけていること。ミズーリ州内の教育委員会に、学校で実施されているソーシャル・アファーメーションなどを保護者に隠すように助言していること。

ミズーリ州議会で証言をしたセンターの代表２人は正直に現状を話さず、不都合なことを議員に隠していたことなど、『The Free Press』の記事だけでも衝撃の事実でしたが、さらに驚かされるようなことが書かれていました。２月９日にベイリー司法長官は捜査を開始したことを発表しています。

15年前まで、アメリカにはジェンダー小児クリニックは存在していませんでしたが、今では全米で１００以上にまで増えています。本当に治療を必要としている人々もいると思います。

ここで指摘したいのは、不必要な人々にまで、不必要なことをし、傷つけているのではないかということ。そして、サービスを提供している側が責任ある対応をしているのかどうかということです。

異論を許さない空気感はまさにネオマルクス主義に染まる左翼そのものです。

■トランスジェンダーの子どもは〝金の生る木〟

ジェイミー・リードの告発により、トランスジェンダーと思われる子どもに対して、無責任な治療が行われ、疑問を呈することすらできない内部事情が明らかにされました。

すべての病院・クリニックが同じことになっているとは限りませんが、なぜこのような無責任なことができるのかは、ジャーナリストのマット・ウォルシュが明らかにした、医療現場の〝トランスジェンダーの子どもを見る目〟で理解できるのではないでしょうか。

２０２２年9月20日、ウォルシュはツイッターを更新し、テネシー州ナッシュビルにあるヴァンダービルト大学医療センター（以下医療センター）の医師が、トランスジェンダーの子どもたちを〝金の生る木〟として扱っていることを報じたのです。

ウォルシュは医療センターのホームページ、ホームページの削除されたページのアーカイブ、ユーチューブに残されていた動画などを集めました。

医療センターのシェイン・セボルド・テイラー医師は、２０１８年に開かれたとある学会の発表で、トランスジェンダーの子どもに対する治療について語っていました。2018年はテイラーの勤務する医療センターで、トランスジェンダーの子どもに対するジェンダー・アファーミング・ケアが始まった年でもあります。

テイラー医師はジェンダー・アファーミング・ケアのことを"Huge money maker"（莫大なカネを生み出してくれる）と、たった2分間の動画の中で、"Money"（カネ）という単語を7回も連呼。具体的な金額も挙げていて、とにかくカネに関することばかり。オバマケアの対象にトランスジェンダーのジェンダー・アファーミング・ケアが入り、ビジネスチャンスが広がったことで、このようなことになっているようです。

テイラー医師の話としては、「胸の再建手術は400万円」「ホルモン治療を始めれば、年に数回診察するだけで、数十万円の売り上げになる」など（※本書では便宜上$1＝100円で計算しています）。

彼女はペンシルベニア州フィラデルフィアにあるトランスジェンダー治療で人気の病院の公開情報にも触れ、「膣形成手術は200万円とされているが、かなり安い見積もりだ」「なぜなら、入院費、麻酔費、術後のアフターケアなどが含まれていないからだ」「おそらく、この金額は総額の10％程度ではないか」「女性から男性の下半身手術（性別適合手術）は莫大なカネを生み出してくれる」「1000万円近くは期待できるものだ」と言っています。

そして、ジェンダー・アファーミング・ケアの最大の利点のように言及していたのが、治療期間の長さでした。「これらの手術は労働集約的（＝患者の病院依存度が高い）」「たくさんのフォローアップが必要で、我々医師の多くの時間を必要とするので、多くのカネを生み出してくれる」「病院にカネをもたらしてくれる」と。

一度治療を始めれば、長期の良客を獲得することができる、ジェンダー・アファーミング・ケアを受ける子どもは〝金の生る木〟と言わんばかりです。

別の学会の発表では、同じ医療センターのエレン・ライト・クレイトンが、子どもに対するジェンダー・アファーミング・ケアに賛同しないスタッフを脅していることを明らかにしている公演動画が残されていました。

「たとえそれが宗教上の理由だとしても関係なく、賛同しないのであれば、良くない結果が待っている」「ジェンダー・アファーミング・ケアに反対であれば、ヴァンダービルト大学医療センターで働くことはできない」と。これは、先述したジェイミー・リードが体験したことと同じです。利益のことしか頭にない医師、賛同しない者を排除する。本当に子どものことを考えた治療がされているのかは疑問です。

この医療センターの問題はこれだけではありません。〝Trans Buddy〟（トランスバディ　※バディ：親しい友人）というプログラムを子ども向けに用意していました。医療センターの医師を地元のＬＧＢＴ活動家が監視するプログラムです。正確なプロナウン（He/She など）を使っているかなど、建前は〝子どもを守るため〟ですが、実態は活動家を使い、子どもを誘導することではないでしょうか。

実は、マット・ウォルシュによる9月のこの報道は、ヴァンダービルト大学医療センターに注目を集めた最初の報道ではありませんでした。２０２２年7月11日に保守系メディア『Federalist』で報じられていたのです。

記事"Vanderbilt Health Is Gender-Bending TN Minors Without Parental Consent"（ヴァンダービルト大学医療センターは保護者の同意なしにテネシー州の未成年のジェンダーを捻じ曲げている）で、医療センターの独自ルールが問題視されていました。

医療センターには12歳の子どもを持つ保護者向けに、こんな張り紙がありました。

「12歳の子どもが13歳になったら、保護者は子どものヴァンダービルト大学医療センターの個人アカウントにアクセスできなくなります」

「子どものアカウント情報を知りたい場合は、子ども同伴で、受付で身分証明を提示の上、子どもの同意書の提出が必要です」

つまり、この医療センターでは、ティーン（13歳以上）になった時点で、保護者の子どもを監督する権利がなくなり、ジェンダー・アファーミング・ケアのような治療を受けるかどうかの意思決定を子どもだけででき、子どもはその事実を保護者から隠すことができるのです。

13歳はまだ中学1～2年です。そんな未熟な子どもが、副作用のリスクなど、正確な判断をすることができるのか。そもそも治療が必要かどうかを、子どもだけで判断することができるのでしょうか。

テネシー州共和党はすぐに対策に動きました。11月には未成年へのジェンダー・アファーミング・ケアの禁止法案が提出され、一部民主党議員からの賛成も得て2月に上院・下院を通過、3月2日にビル・リー州知事が署名することで成立しました。

実はこのような動きはすでに他の州でもあり、２０２１年4月にアーカンソー州、２０２２年3月アリゾナ州、4月アラバマ州とすでに州法で禁止・制限をかけていました。

その後、フロリダ、ユタ、サウスダコタ、ミシシッピ、モンタナ、ジョージア、アイダホ、インディアナ、アイオワ、ケンタッキー、ミズーリ、ウェストヴァージニア州、そしてテネシー州が未成年に対するジェンダー・アファーミング・ケアを禁止・制限しています。審議が大詰めを迎えている州もあり、これからも増え続ける見込みです。

このように、「ＬＧＢＴの理解を深める」「多様性・包括的な社会」という言葉を隠れ蓑にしている過激ジェンダー活動家たちから、未来を担う子どもたちを守る戦いが日々繰り広げられているのです。

そして、そのような過激ジェンダー活動家たちにより、人生を狂わされた人々が、成人をした後に後悔をし、声を上げ始めています。

第2章

被害者の声

元トランスキッズからの教訓

■ジェンダーディスフォリアは自然消滅するのか

ジェンダー・アファーミング・ケアを途中で止めるディジスターズと、性転換後に元の性別に戻りたいと思うディトランジショナーズの存在を第1章で紹介しました。

治療を止める理由、元の性別に戻りたい理由の多くは、自分がトランスジェンダーではなく、生まれたときの性こそが、やっぱり本当の性別であると気づいたためです。では、どれくらいの割合で、そのように気づく人がいるのでしょうか。

性科学者のジェームズ・カントールが2016年1月11日にブログ『Sexology Today!』に、2016年までに行われてきた研究結果をまとめています。

研究規模、研究対象国、研究対象期間は様々ですが、11研究の結果から言えることは、早期にジェンダー・アファーミング・ケアを推奨する動きは危険であるということです。

カントールは、子どものころに女性のような振る舞いをする少年のその後や、ジェンダーディスフォリアを訴える子どもを対象に、一定期間経過してからどうなったのかを追跡調査した研究を集めました。成人した後もジェンダーディスフォリアが継続していたかを見れば、本当に子どもの時点でジェンダー・アファーミング・ケアが必要なのかどうかは一目瞭然です。

まず、研究結果を並べてみましょう。

【追跡調査（ジェームズ・カントール氏の研究から）】

出典：http://www.sexologytoday.org/2016/01/do-trans-kids-stay-trans-when-they-grow_99.html

発表年	研究者名	対象人数	トランス	ゲイ	レズビアン	ストレート（自認なしを含む）	非トランス率
1972	Lebovitz, P.S.	16	4	2		10	**75%**
1978	Zuger, B.	16	2	12		2	**88%**
1979	Money, J	5	0	5			**100%**
1984	Zuger, B.	45	2	33		10	**96%**
1986	Davenport, C.W.	10	1	2		7	**90%**
1987	Green, R.	44	1			43	**98%**
1987	Kosky, R. J.	8	0			8	**100%**
2008	Wallien, M.S.C.	54	21			33	**61%**
2008	Drummond, K.D.	25	3		6	16	**88%**
2013	Steensma, T.D.	127	47			80	**63%**
2021	Shingh, D.	139	17			122	**88%**

平均 86%

成長しても性別違和があり、治療を要する人

時間経過で性別違和が消えたか、同性愛者であり、子どものときに治療が必要ない人

65ページの非トランス率の数字は、成長する中で、生まれたときの性別と性自認が一致した人、または、同性愛者だった人を表しています。別の言い方をすると、もしジェンダー・アフォーミング・ケアを始めていたら、後悔をしていた可能性のある人の割合でもあります。子どものころに性別が一致していないと思っていても、成長する過程で自然解消されることが60％〜98％もいるのです。平均すると86％が本当はトランスジェンダーではないということです。この中にはゲイやレズビアンのような同性愛者も含まれていますが、ジェンダー・アファーミング・ケアを必要としない点では同じです。

このように、数字から見ても、早期のジェンダー・アファーミング・ケアを推奨する流れは危険であり、不必要なものであると言えるでしょう。

■命を守るためのジェンダー・アファーミング・ケア？

第1章で紹介した通り、ジェンダー・アファーミング・ケアは、ソーシャル・アファーメーション、二次性徴抑制ホルモン治療、男性・女性ホルモン治療、外科手術の4つがあります。これらの治療を子どもにする主な理由は、ジェンダーディスフォリア由来の自殺を含む、自傷行為を防ぐことです。

ジェンダー・アファーミング・ケアを受ければ、子どもたちのメンタルヘルスが改善され、より良い人生を歩むことができるというのです。現実はジェイミー・リードの告発の通りで、いわゆる〝専門家〟が掲げる効果と、現実がマッチしていないように思えます。

子どもの段階でジェンダー・アファーミング・ケアをすることに効果があるとしている研究で有名なのがオランダのふたつの研究です。2011年と2014年に発表されたものですが、二次性徴抑制ホルモン治療、ホルモン治療、外科手術をすることで、メンタルヘルスの改善が見られたと結論づけられました。この研究は様々な団体で、子どもに対する早期のジェンダー・アファーミング・ケアを推奨する根拠として使われ続けてきました。

しかし、2023年1月2日、「方法論的な欠陥があり、刷新的な医療行為の正当化の根拠として、決して使われるべきではなかった」という結論で、オランダの研究の欠陥を指摘する研究が発表されました。

アメリカのSociety for Evidence-Based Gender Medicineという団体が『Journal of Sex & Marital Therapy』に発表した研究で、タイトルは〝The Myth of "Reliable Research" in Pediatric Gender Medicine: A critical evaluation of the Dutch Studies and research that has followed〟（小児ジェンダー医学における〝信頼できる研究〟の神話：オランダ研究の批判的評価とそれに続く研究）です。大きく分けて3つの欠陥があったことが指摘されています。

ひとつ目は、最も良い結果だけをチェリーピックしていたことです。ジェンダー・アファーミング・ケアを受けたことで、改善が見られた、または、変化が見られなかったケースは残され、ネガティブな結果が出ている患者は、研究対象から除外。それにより、全体的に効果があるようにされていました。この手のデータ詐欺はよくあるようでして、私自身もここ数年で様々な報道を見て、それを実感しています。

また、研究目的も「ジェンダー・アファーミング・ケアが心理的機能の向上に寄与しているか」だったはずが、結果が芳しくなかったからか、「ジェンダー・アファーミング・ケアに満足しているか」に変わっていました。

ふたつ目の問題点は、正確な評価ができるツールがないことです。ジェンダーディスフォリア、性同一性障害を診断するための指標はいくつかあります。オランダの研究では、"Utrecht Gender Dysphoria Scale"（ＵＧＤＳ）という指標が使われています。男性用、女性用の2種類があります。12の質問に対し、1〜5点で答え、最低で12点、最大60点。60点に近い数字になれば、ジェンダーディスフォリアを持つことを数値的に表すことになります。

問題は何かと言うと、ジェンダーディスフォリアがあるかを評価できるけれども、ジェンダー・アファーミング・ケアを受けた後の評価をするツールがないということです。この問題に関しては、オランダの研究でも言及されていましたし、今回のオランダ研究の欠陥を指摘し

"Utrecht Gender Dysphoria Scale (UGDS)"

生物学的女性用の質問

1) 男の子のように振る舞うのを好む。
2) 誰かが私を女の子のように扱うたびに、私は傷つく。
3) 女の子として生活するのが好き。
4) 常に男の子のようになるようにしている。
5) 男の子の生活は、女の子の生活より魅力的だ。
6) 女の子のように振る舞わなければならないのは、不幸せに感じる。
7) 女の子として生きるのは、何かポジティブに感じる。
8) 鏡で自分の裸を見るのは楽しい。
9) 女の子として性的振る舞いをするのが好き。
10) 女の子として感じる生理は憎い。
11) 乳房を持っていることが憎い。
12) 男の子として生まれたかった。

質問 1,2,4-6,10-12 に対しては、5点まったく同意できる、4点いくらか同意できる、3点どちらとも言えない、2点いくらか同意できない、1点まったく同意できない
質問 3,7-9 に対しては、1点まったく同意できる、2点いくらか同意できる、3点どちらとも言えない、4点いくらか同意できない、5点まったく同意できない

生物学的男性用の質問

1) もし私が男の子として生きなければならないなら、私の人生は無意味だ。
2) 誰かが私を男の子のように扱うたびに、私は傷つく。
3) 男の子と呼ばれるのは気持ちが悪い。
4) 私は男の体を持っていて悲しい。
5) いつまでも男の子だと思うと沈んだ気分になる。
6) 私は男の子なので、私は自分自身が嫌いです。
7) 私は男の子のように、いつもどこでも振る舞うことに違和感があります。
8) 女の子としてだけ私の人生は生きる価値があります。
9) 立ったままおしっこをするのは嫌です。
10) 私が男の子のように見えるので、あごひげが伸びて不満です。
11) 勃起は嫌いです。
12) 男の子として生きるよりは生きない方がよい。

5点まったく同意できる、4点いくらか同意できる、3点どちらとも言えない、2点いくらか同意できない、1点まったく同意できない

出典：https://genderanalysis.net/2020/04/the-classic-utrecht-gender-dysphoria-scale-gets-a-nonbinary-inclusive-update/

ている論文でも、今後の課題として挙げられています。

3つ目の問題点は、精神療法との区別がついていないことです。このオランダ研究では、ホルモン治療のようなジェンダー・アファーミング・ケアに加え、精神療法も行われていました。そのため、ジェンダー・アファーミング・ケアのおかげで改善されたのか、精神療法により改善されたのか、それとも、時間経過で成長する過程で自然と改善していったのかがわからないのです。

論文作成をしたSociety for Evidence-Based Gender Medicineは「小児ジェンダー医学の重大な問題は、過去の研究の欠如ではなく、今の現場が、既存の研究で明らかになっている重大な問題から目を背け、質の高い研究への協力に後ろ向きであることだ」と、子どもたちに大人の考えを押し付けている無責任さを非難しています。

この欠陥だらけの研究は〝World Professional Association for Transgender Health〟、〝Endocrine Society〟、〝American Academy of Pediatrics〟のようなジェンダー・アファーミング・ケアを推奨している団体により、〝現存する最良の根拠〟として使用されています。

かつて、ロボトミー手術という、ノーベル生理学・医学賞を受賞までしたとんでもない医療行為が存在しました。

精神障害の治療法として、脳の一部を切断する治療です。日本では1975年に禁忌とされていますが、被害が出始め、しばらくしてようやく止められました。

ジェンダー・アファーミング・ケアに同じ危惧を覚えるのは私だけではないはずです。

■クロエ・コールの裁判

医師の傲慢により、一生消えることのない傷を負った人がいます。カリフォルニア州に住むクロエ・コールは２０２２年11月9日、裁判をする決意を固めました。

コールは２０１７年、当時12歳のときに、医師の強い勧めでジェンダー・アファーミング・ケアを受けました。しかし、18歳になった今、その決断を後悔しています。担当した医師は、脅しと言ってもいいような形で、コールと家族を説得していたため、〝医療過失〟として賠償を求める裁判を起こされたのです。

コールのケースは、欧米諸国で進む過激ジェンダー政策の典型的な犠牲者と言えます。何が起きたのか、裁判訴状、裁判90日前の通知書を参考に紹介します。

コールはＡＤＨＤ（注意欠如・多動症）と破壊的行動障害の診断を受けていました。２０１７年6月2日、当時12歳のときに、医師に性別の違和感について相談します。このとき、

9歳のころから、本当に自分は女性なのか、自分の性別に違和感があることを医師に伝えました。11月20日、内分泌専門医の診察を受けましたが、12歳という若さを理由に、ホルモン治療等はしないほうがいいと言われます。

12月27日、セカンドオピニオンを受けたこのときから、彼女の人生は狂っていきます。二次性徴抑制ホルモンの投与が決まったのです。翌年の2018年1月10日にルプロン・デポという薬が投与されました。子宮内膜症や前立腺がんの治療のために使われるものとしてFDA(アメリカ食品医薬品局)が認可していますが、二次性徴抑制ホルモンとして適応外使用されています。第1章でも触れた通り、重篤な副作用の危険があります。

コールは治療を始める前に、インフォームドコンセントを受けていませんでした。インフォームドコンセントとは、医師が患者に十分な説明をした上で、患者が治療に同意をすることです。

今回のケースでは、二次性徴抑制ホルモンの投与のリスクの説明、長期の副作用の研究がないため、何が起こるかわからないこと、ジェンダーディスフォリアは自然消滅する可能性があることなど、どれも治療を受けるべきか判断をするために必要なものです。

特に、コールがセカンドオピニオンを受けていることから、ジェンダー・アファーミング・ケアを受けることにかなり前のめりになっていた可能性があります。冷静な判断をするためにも、十分な情報、それを理解する時間が必要だったでしょう。

2月12日、コールは医師からテストステロン（男性ホルモン）の投与を勧められ、インフォームドコンセントフォームに同意しました。ところが、このインフォームドコンセントフォームには、リスクに関する記述がなかったのです。繰り返しますが、二次性徴抑制ホルモンの投与に関してはインフォームドコンセントそのものがありませんでした。

ルプロン・デポ（二次性徴抑制ホルモン）の投与は合計で3回、テストステロンの投与は週に一度、3年間続きました。

2019年7月には、外科手術による胸の切除を相談します。この当時、コールの精神状態はかなり悪化していましたが、2020年6月3日、コールの胸は切除されました。

胸の切除をした後、コールは自分の性別が生まれたときの女性であることを認識します。ジェンダーディスフォリアが自然消滅したのです。

コールは深く後悔しました。自分に残されたのは、男性ホルモンによる低い声、濃い体毛、そして大きな傷だけが残った胸。

2021年5月に担当医に後悔していることを打ち明けましたが、元のからだに戻ることは決してできません。

コールのケースで驚かされるのが、治療のスピードです。二次性徴抑制ホルモンの投与の1か月後にはホルモン治療が始まり、その2年後には胸の切除までしています。このスピードの背景には、カネに目がくらんだ悪徳医師による脅迫まがいな無責任な行動があります。

担当医は、コールのジェンダーディスフォリアが自然消滅する可能性が高いことは一切伝えず、問題解決の唯一の方法がジェンダー・アファーミング・ケアだと説明していました。明らかなミスリードです。

それだけではありません。コールの両親に対し「死んだ娘か、生きている息子、どちらがいいか」と、コールが男性に性転換をしなければ、自殺をすると断定していたのです。脅迫と言ってもいいでしょう。コールは性別に違和感があると言っていただけであり、自殺願望はありませんでした。医者という立場を悪用し、金儲けが目的なのか、極端なジェンダー思想を押し付けたいのか、その両方なのか、答えはわかりませんが、子どもが犠牲になっている現実はより多くの人に知られるべきだと思います。

■2011年スウェーデンの研究

コールの裁判訴状で言及されている重要な研究結果を紹介します。2011年2月に『PLOS ONE』に掲載された"Long-Term Follow-Up of Transsexual Persons Undergoing Sex Reassignment Surgery: Cohort Study in Sweden"（性転換手術を受けた性転換者の長期フォロー

アップ。スウェーデンにおけるコホート研究）です。コホート研究とは、病気の発症要因や予防因子を推定するために、大勢の人を長期間観察する研究手法のひとつです。

この研究は1973年から2003年の30年間、324人のトランスジェンダーと、3240人の普通の人（トランスジェンダーではない人）を対象に行われました。トランスジェンダーの内訳は、男性として生まれ女性に性転換をした191人（元男性）、女性に生まれ男性に性転換した133人（元女性）。そして、比較対象として1人のトランスジェンダーに10人の普通の人が選ばれました。

結果は、性転換をしたグループは普通の人のグループに比べ、死亡リスクが高いことがわかりました。まず、総合的な死亡率は通常の2・9倍。その中でも飛び抜けているのが自殺率で19・1倍の高さであり、特に元女性の自殺リスクは40倍で、元男性の13・9倍の倍以上という見過ごすことができない数字でした。

一方、自殺未遂に関しては全体で7・6倍のリスクの高さでしたが、元男性の自殺未遂は通常の15・4倍、元女性の自殺未遂は2・9倍と、大きな差が見られました。心臓血管疾患（心筋梗塞や大動脈解離など）のリスクは男女で2・6倍高く、元男性で2・3倍、元女性で3・2倍でした。がんリスクも男女で2・1倍高い結果でした。

気になるのが、追跡調査が始まった最初の10年間は、トランスジェンダーと普通の人の間に死亡率の有意差はありませんでしたが、約10年経過したところで、顕著に差が表れていました。なぜこのようなことになっているのかはわかっていません。精神疾患での入院リスクも男女で4・2倍、元男性で4・7倍、元女性で3・4倍。薬物乱用リスクは男女で3倍でした。

このように、2011年2月の時点で、ジェンダー・アファーミング・ケアの有効性ばかりではなく、リスクに注目をした検討が必要という警鐘を鳴らす研究結果が出ていたのです。

■ミシェル・ザッキーニャの裁判

過激なジェンダー政策が狂った域にまで来ているカナダのケースも見ていきましょう。

2023年2月21日、オンタリオ州在住の元女性ミシェル・ザッキーニャはジェンダー・アファーミング・ケアを行った医師8人を提訴しました。先ほどの未成年だったクロエ・コールのケースと違い、ザッキーニャは成人している21歳からジェンダー・アファーミング・ケアを受け始めました。現在は34歳です。

2008年、当時20歳のザッキーニャは自殺未遂を起こした。うつ、不安、自傷行為も見られ、精神的な問題を抱えていました。後に、発達障害を持っていることも発覚します。

２００９年、ザッキーニャはインターネットで運命的な出会いをします。ジェンダーアイデンティティのことを知ったのです。『Tumblr（タンブラー）』や『LiveJournal（ライブジャーナル）』というブログとツイッターを合わせたようなサイトの投稿で見つけました。つまり、ネットの影響で、自分はトランスジェンダーであり、ジェンダー・アファーミング・ケアを受ければ、すべてが解決できると思ったのです。

２０１０年春、彼女は「Gender Journey's」と呼ばれるトロントにあるサポート団体を訪れます。そこで出会った医師に、１時間の診察を受けた後、ホルモン治療を始める助言を受けました。かかりつけの精神科医も、男性ホルモンを投与することに賛成しました。

その後、別の医師に３回の診察を受け、男性ホルモンの投与が始まりました。

２０１２年にはアメリカフロリダ州で胸の切除手術を受けます。これも担当医の勧めで受けることになったものでした。そして、２０１７年には子宮の摘出を勧められ、２０１８年５月に子宮の摘出が行われました。

ところが、２０１９年になるまでに、ザッキーニャは自分の抱えていた問題がジェンダーディスフォリアから来ていたものではなく、元々持っていた精神疾患と発達障害であることを認識しました。

時すでに遅し。健康な胸はなくなり、子宮がなくなり、子どもを授かることが不可能になってしまいました。

失ったものがある一方、残されたのは、低い声、濃い体毛、男性型の脱毛。「健康な子宮を取り除いたことは、最大の後悔だ」と後悔を口にしています。

ジェンダーディスフォリアが原因ではなかったため、ジェンダー・アファーミング・ケアを受けても意味がありませんでした。それどころか、健康なからだに、一生消えない傷、一生取り返すことのできない女性としての機能を失ってしまったのです。

ザッキーニャが治療を始めたのは21歳、すでに成人。正直、私がこの報道を最初に目にしたときは「自分の判断が間違っていたことを棚に上げた、責任転嫁裁判」だと早合点しました。

実際は彼女ではなく、彼女を担当した医師たちに明らかな非があった。これは、ザッキーニャが初めて診察を受けた2010年と変わらず、今現在も残る問題だと言われています。

医者が患者の自己主張・自己診断を鵜呑みにしていることです。

ザッキーニャは〝ネットの情報〟で、自分が苦しんでいる精神疾患の原因を、自分がトランスジェンダーであり、ジェンダーディスフォリアだと〝自己診断〟していた。

このザッキーニャのトランスジェンダーであるという突然の自己申告を、かかりつけ医を含め、誰も疑わず、診断もせず、精神科医による専門の診察も受けさせず、ジェンダー・アファーミング・ケアをすることを決めていました。

２０１５年になって、ようやくザッキーニャは完全な心理診断評価を受けることになりました。

25ページに及ぶ診断書で明らかになったのは、様々な精神疾患と発達障害でした。先述しましたが、ザッキーニャが発達障害を持っていることがわかったのは、このとき。

ＡＤＨＤ（注意欠如・多動症）、チック障害（突発的で、不規則な、体の一部の速い動きや発声を繰り返す状態が一定期間継続する障害）、境界性パーソナリティ障害（思考、判断が偏り、感情や衝動のコントロールがうまくできず、結果として人との付き合い方に支障がでる障害）、不安障害、自閉症スペクトラム障害、ＰＴＳＤ（心的外傷後ストレス障害）の特徴が見られることがわかったのです。

これだけの精神疾患・発達障害を抱えていたにもかかわらず、それを見極めることができなかった担当医たちの責任が問われる裁判になります。何でもかんでも責任を取らせると、萎縮してしまい、適切な医療判断ができなくなる恐れもありますが、現在のカナダの狂った状況を正すためには、必要なことだと思います。

何より、今回のケースやリードの告発、ウォルシュの報道でわかるのが、左翼リベラルが激押しする過激ジェンダー運動により、トランスジェンダーを否定することが一切許されないことになっていることが問題です。

この指摘に対し、左翼リベラルは「差別を許すのか」「お前はヘイトを煽っている」と罵るでしょう。しかし、明らかな弊害が出ていることに目を向けねばなりません。そのきっかけとして、この裁判は注目すべきなのです。

■見過ごされている外的要因

ザッキーニャのケースで明らかなのが、ネットを含めた、周囲の影響です。特にインフルエンサーと呼ばれる人の中には、過激な思想をSNSを通して拡散している活動家のような人物もいます。過激ジェンダー思想の蔓延の原因のひとつであることは間違いないでしょう。

自分のジェンダーに疑問を持つようになることは、本来であれば自分自身の問題、つまり、内的要因が大きいはずです。実際、トランスジェンダーかどうかをはかる『Utrecht Gender Dysphoria Scale』の12の質問はすべて「自分がどう思うか」「自分がどうするのが好きか」など、内面的なものです。

アメリカ大学保健協会の発表によると、2008年の調査では、2000人に1人の女子生徒がトランスジェンダー（ノンバイナリーを含む）でしたが、2021年には20人に1人に爆増していました。

いくらなんでもおかしい。

ジェイミー・リードが現場で見た「ある高校から集団でジェンダー治療を受けに来た」という証言からも異変が起きているのは間違いないでしょう。人間がここまで変化するには、外的要因を無視できません。

この疑問の答えの手がかりが、左傾化激しい『ニューヨーク・タイムズ』が、過激ジェンダー治療を進めている『World Professional Association for Transgender Health』の代表であり、膣形成術で世界的に有名なマーシー・バウワーズのインタビューで報じるという異色のコラボレーションから垣間見られました。

２０２３年1月23日〝Trans Kids Deserve Private Lives, Too〟(トランスキッズにも私生活を)というタイトルで、バウアーズは、なぜトランスジェンダーを自認する子どもが急増しているのかに言及しています。

「私のコミュニティ内ではある種の〝社会的伝染〟があることを否定するものもいる」

「社会的伝染と呼ぶべきではないかもしれないが、少なくとも、仲間の影響はあると考えている」

バウアーズの言う〝コミュニティ〟というのは、過激なジェンダー政策を推進する

マーシー・バウアーズ医師。写真：Everett Collection/ アフロ

"Progressive"（急進派＝極左）のことです。バウアーズはジェンダー治療の第一人者であり、過激LGBT活動家を刺激しないよう控えめに言わないと、極左の怒りを買う危険性のある立場ですので強くは言っていませんが、社会的伝染、つまり、周囲の影響でトランスジェンダーが増えているという認識を持っているのです。

トランスジェンダーが急増していることを、周囲の影響だとする研究があり、これは極左活動家を「悪意のある嘘がトランスジェンダーの人々の名誉を傷つけようとするものだ」と激怒させたものでした。詳細は後述しますが、そういうこともあり、バウアーズは強く発言できないのだと思います。しかし、バウアーズが周囲の影響でトランスジェンダーが増えている可能性を示唆したのは、今回が初めてではありません。

２０２１年10月４日『The Free Press』の"Top Trans Doctors Blow the Whistle on 'Sloppy' Care"（トップトラ

ンスジェンダー治療医が杜撰な治療を告発）のインタビュー記事の中で、同じようなことを語っていました。

「（周りの）影響を受けている子どもはいるだろう」「〝おお、それめっちゃかっこいいじゃん！〟、〝私も同じことしてみたいな〟というようなことを考えている子どもがいるのではないだろうか」とバウアーズは指摘しているのです。

このインタビューにはもうひとりのジェンダー・アファーミング・ケアの専門家がいました。エリカ・アンダーソンです。アンダーソンはバウアーズの懸念に同意し「杜撰な治療により、これから多くの後悔をする若者を目にすることになるだろう」と話しました。

このように、現場、特にバウアーズのような著名な医師であり、ジェンダー・アファーミング・ケアを推進している団体の代表ですら、周囲の影響があるのではないか、つまり「社会に問題があるのではないか」という懸念を持っているのです。

しかし、ＬＧＢＴの権利保護は左翼の縄張り。目をつけられると、徹底して社会から抹殺されます。バウアーズらが指摘した外的要因を指摘する研究論文をまとめた人物が、まさにその犠牲者になっています。

■即発性性別違和の研究

ブラウン大学助教授〝だった〟リサ・リットマンは2018年8月に〝Parents reports of adolescents and young adults perceived to show signs of a rapid onset of gender dysphoria〟（即発性性別違和の兆候を示す青年および若年成人の親の報告）を『PLOS ONE』に掲載しました。

リットマンは突然のジェンダーディスフォリアを訴え始めた子ども、若年成人の保護者256人を対象にした調査を実施。参加者のうち、82％が女性で、18％だけが男性でした。調査結果をいくつか紹介します。


62・5％が少なくともひとつの精神疾患、または、発達障害を抱えていると回答。

36・8％が友人グループの大半がトランスジェンダーであると公言していると回答。

25・1％がトランスジェンダーの人以外と過ごすことを避けていると回答。

22・7％はトランスジェンダー以外の人に対する不信感を感じていると回答。

46・6％はトランスジェンダーに関する情報は、トランスジェンダー発信のものでないと、信用しないと回答。

49・4％がトランスジェンダーであるとカミングアウトした後、家族から孤立しようとしていると回答。
86・7％の保護者は、「SNS・ネット・友人の影響」を子どもが受けたと回答。

リットマンはこの調査結果を踏まえ、近年の急激なジェンダーディスフォリアの増加の原因は、SNS・ネット・友人の影響である可能性を指摘、このように外的要因でジェンダーディスフォリアを持つようになることを〝Rapid Onset Gender Dysphoria〟（即発性性別違和）と名付けました。

その上で、現在のジェンダーディスフォリアの研究で考慮されていないため、正確な研究ができていない可能性を指摘したのです。

いたってまともな研究ですが、この研究発表は極左勢力をはじめとする社会正義マンたちの怒りを買いました。

なぜなら、彼らが推進している過激なLGBT運動、ジェンダー運動が原因で、子どもたちに悪影響を与えていると言われたのと同じだからです。第1章で言及した通り、過激LGBT活動の前提は〝**我々は犠牲者である**〟です。実は自分たちこそが加害者であったという事実を突きつけられても認めるわけにはいかないのです。

リットマンの研究に怒りを爆発させているところでよくわかりますが、本当に子どものことを、社会のことを心配し、憂いているのであれば、害になっている可能性が指摘された時点で立ち止まり、本当に正しいかどうかを考えるはずです。

ところが、このような社会正義マンたちは論理よりも、感情をベースに動くため、自分たちがやっていることを否定するものを徹底的に叩き、社会的に抹殺します。「話は最後まで聞きなさい」と小さいころに言われたものですが、彼らの場合、最後どころか、最初から聞く耳を持ちません。

リットマンは激しいバッシングを受け、ブラウン大学を追い出されました。

「悪意のある嘘がトランスジェンダーの人々の名誉を傷つけようとするものだ」というのが、社会正義マンたちの言い分ですが、これのどこがトランスジェンダーの名誉を傷つけているのでしょうか。自分たちの名誉のことを言っているのではないでしょうか。また、第一線に立つマーシー・バウアーズやエリカ・アンダーソンの話を考慮しても、この研究結果は非常に価値のあるものだったことがわかります。

■社会正義マンの正気を取り戻す方法

プロローグでも書きましたが、人間が変わるためには〝痛み〟が必要です。第1章でも言及しましたが、私はトランスジェンダーの人を含め、すべての人が平穏に暮らせることを望んでいます。

ジェンダー・アファーミング・ケアを否定的に書いていますが、成人し、本当に必要であれば、個人の判断で受けるべきだと思います。私が危惧しているのは、一生後戻りできないような重大な決断を、思慮分別のまだできない子どもに押し付けていることです。

そして問題なのは、子どもに過激ジェンダーイデオロギーを押し付けている社会正義マンたちは、悪いことをしているという認識が欠片もないことです。では、どうすればいいのか。彼らが〝痛み〟を知るしかありません。なんとも世界滅亡を目論む悪役のようなセリフですが……。

２０２３年2月17日に『The Dallas Morning News』に掲載された〝Filmmaker: I believed in gender affirming care. Then I saw what happened to my son〟（映画監督：ジェンダーアフォーミングケアは素晴らしいものだと思っていた。そして、私の息子に起きたことを目の当たりにした）で、政治的にリベラルを自認し、社会正義マン気質のあったとある匿名の映画監督が、自身の経験を告白しています。

この匿名映画監督は、カリフォルニア州サンフランシスコ在住で、ネットフリックスに映画を提供した実績もある人物です。リベラル左翼を自称し、「映画業界は非常に左翼化していて、そこにぴったり収まっていた」と話します。

この匿名映画監督はとあることがきっかけで、自身が属する映画業界から反感を買い、保守系だと勘違いされる可能性のあるドキュメンタリー映画『Affirmation Generation』の撮影を決意します。

息子がトランスジェンダーであるとカミングアウトしたのです。

それまで社交的で、活発、優しかった息子は、「ロックダウンで変わってしまった」と。特にカリフォルニア州は無意味なロックダウンを続けていた州で、「その悪影響を息子は受けていた」「物静かで、動揺しやすく、引っ込み思案になってしまい、ほとんどの時間をオンラインで過ごすようになった」というのです。

そんな息子がとある日、トランスジェンダーであると両親に告げました。

匿名映画監督は「我々はトランスフォビック（トランスジェンダー嫌悪）ではないが、驚いた。なぜなら、息子にはからだや性別に当惑しているような素振りは一切なかったからだ」と振り返ります。

先述の即発性性別違和そのものです。息子はすぐに二次性徴抑制ホルモン、エストロゲン（女性ホルモン）の投与をしたいと訴えました。

このことがきっかけとなり、この映画監督はトランスジェンダーやジェンダー・アファーミング・ケアの実状を知る12人の専門家、６人のディトランジショナーズ、40以上の論文を基にした作品をつくる決意をしました。

「右翼のヒット作品にならないように心がけたが、真実を伝えようとすると、政治的立場に沿わないことが出てきた」と、遠回しに保守層の主張が正しかったことを認めています。

息子の告白後、診察を受けるために地元にある3か所のジェンダークリニックに問い合わせをしましたが、キャンセル待ち名簿にすら入れてもらうことができなかったことに、匿名映画監督は驚きました。それだけ、患者が急増しているということです。

周囲にトランスジェンダーやノンバイナリーを自認する子どもが急増していることにも気づきました。息子の仲の良い友人グループ10人のうち、５人がトランスジェンダーかノンバイナリーを自認していたのです。両隣の家庭にもトランスジェンダーを自認する子どもがいました。

その後、匿名映画監督は地元の支援団体に参加します。１００人以上の即発性性別違和と思われる症状の子どもを持つ保護者が参加し、それぞれの体験談を共有する場でした。

そこで匿名映画監督は再度驚かされます。多くの保護者の語ることが、この映画監督が経験しているととと同じだったのです。自分の息子だけではなく、多くの子どもに同じことが起きている。それはつまり、社会的に何か問題があるのではないか。子どもたちが、本当の自分を見つけようとしていることとは〝別の何か〟が起こっているのではないか、そう思わずにはいられなかったとのこと。

そして、彼は映画撮影を通して、警鐘を鳴らしている専門家、ディトランジショナーズという過激ジェンダー運動の被害者、左翼が目を逸らし耳を塞ぎ続けているジェンダー・アファーミング・ケアの効果を疑う論文の数々に触れることになりました。

それまでは疑っていなかったジェンダー・アファーミング・ケアの効果が疑わしいこと、活動家が隠す不妊や突然死、自殺のリスク、カリフォルニア州のジェンダークリニックの医師が、医師免許剝奪を恐れて、患者が自己申告するジェンダーディスフォリアを疑えない現実、そして、ヨーロッパではジェンダー・アファーミング・ケアを禁止・規制する動きが起きていることを知ることになったのです。

匿名映画監督は変わりました。それまで疑っていなかったジェンダー・アファーミング・ケアを疑い、自分で調べ、業界の反感を買うことを知りつつ、映画を撮影した。ただ単に調べて終わりではなく、映画撮影までしたということは、相当な衝撃があったのではないでしょうか。〝まさか自分に起こるとは〟という驚き、そして記事の文面から伝わる衝撃、つまり〝痛み〟

を感じたことで当事者として真剣に考えるようになり、この映画監督を突き動かすことになりました。

気づきを得るためには、それなりの衝撃が必要です。そのためには、常に自分と相容れない人々の意見にも、耳を傾ける寛容さが必要ではないかと思います。

■ジェンダー・アファーミング・ケアの方針転換をしていく国々

この第2章でディトランジショナーズのクロエ・コール、ミシェル・ザッキーニャ、自身の息子がトランスジェンダーと告白した映画監督の体験を紹介しました。全員が共通して言及していることがあります。それが、ジェンダー・アファーミング・ケアの方針転換をしている国の存在です。

フィンランド、スウェーデン、フランス、イギリス、ノルウェーがアメリカやカナダと逆行する動きを見せています。これらの国では子どもに対するジェンダー・アファーミング・ケアを禁止、または制限をしているのです。

理由はシンプルで、ジェンダー・アファーミング・ケアによるリスクがベネフィット（利益）を上回っていると判断されたためです。フィンランドは2020年6月、スウェーデンは

2021年4月、フランスは2022年2月、イギリスは2022年10月、そしてノルウェーは2023年5月にジェンダー・アファーミング・ケアの取り扱いを変更することを発表しています。

スウェーデンの新ガイドラインは、ジェンダー・アファーミング・ケアの有効性の科学的根拠がないこと、ディトランジション（治療を中断）の存在が見過ごせないこと、原因不明のジェンダーディスフォリアの急増があることなどを理由に挙げ、「ディトランジションの流行は不明だが、ジェンダー・アファーミング・ケアが健康と生活の質を悪化させている可能性があることは、全体の判断、推奨に重要なことだ」として、子どもに対するジェンダー・アファーミング・ケアが害になっている可能性があることを認めています。

イギリスでは、ジェンダー・アファーミング・ケアの第一段階で、非医療的介入のソーシャルトランジションを〝自然な行為ではなく、心理的機能に著しい影響がある〟とし、さらに、18歳以下に対する二次性徴抑制ホルモンの投与の原則禁止を発表しました。

このように、欧州では子どもに対する大規模な人体実験をした結果、大人が守るべき子どもたちを傷つけていることを認め、修正をしています。

ところが、一部のアメリカ、カナダ全土では、異常な暴走が続いています。左翼はＬＧＢＴの理解増進・権利向上の名の下に、子どもたちを洗脳していて、その結果が、今日の異常なジェンダーディスフォリアの急増である可能性があります。
次節では、教育現場でどのようなことが起きているのかを見ていきます。

■過激なLGBT洗脳教育

アメリカの教育は各州の州法、政策、各地の教育委員会により大きく違いがあります。日本と違い、教育委員会のメンバーは原則選挙で選ばれますので、共和党の強い地域では保守色が、民主党の強い地域ではリベラル色の強い方針が決まることが多いです。

特に近年では、リベラル勢力が極左に乗っ取られているところが目につくようになったと言われています。

２０２３年2月23日、非営利団体「Defence of Freedom Institute」（自由防衛研究所：以下ＤＦＩ）が大規模都市の教育委員会の方針に関する報告書を公開。ＤＦＩは全米トップ20の生徒数を抱える大規模教育委員会を抽出、ジェンダー・アファーミング・ケアの第一段階のソーシャルトランジションに関して保護者の同意を必要としているかを調査しました。

学校で生徒が性自認している性に合わせた名前、プロナウン（He/She など）、更衣室やトイレを使うことを、保護者に伝えるかどうかということです。この報告書のタイトルが"Pills and

Pronouns"（薬とプロナウンス）なのですが、頭痛薬や風邪薬を保健室で生徒が受け取るために、保護者の同意が必要かも調査されています。

結果は、全米トップ20地区のうち、８地区は明確に、ソーシャルトランジションに関して保護者の同意を必要としない一方で、風邪薬などの一般的な薬でさえも、保護者の同意がなければ、保健室で受け取ることができないことがわかりました。それだけ、ソーシャルトランジションが生徒の身近にあるような環境ができているということです。

具体的には、ニューヨーク州ニューヨークシティ、カリフォルニア州ロサンゼルス、イリノイ州シカゴ、ヴァージニア州フェアファックス、ペンシルベニア州フィラデルフィアなどです。

これら８地区だけで２５０万人の生徒を抱えています。先述しましたが、イギリスではソーシャルトランジションは「自然な行為ではなく、心理的機能に著しい影響がある」と認定しているわけですが、それを分別のつかない子どもの意思でさせ、保護者にそのことを知らせていないという現実があるのです。

ジャーナリストのダグラス・マレーは『The Madness of Crowds Gender, Race, Identity』（邦題『大衆の狂気』訳：山田美明／徳間書店）で、イギリスの歴史学者ロバート・コンクエストの政治の３原則「自分がいちばんよく知っていることについては、誰もが保守的になる」を引用して子どものことを最もよく知っているのは保護者であると指摘し、過激なＬＧＢＴ教育が問題視されるようになった理由は、保護者が子どもに教えられている（洗脳されている）ことを憂慮するようになったからではないかと分析しています。

マレーの原書はコロナ禍前の2019年に発刊されています。リモート授業で自分の子どもがどのような教育を受けているかを知った保護者が増えたことで、保守派保護者の左翼洗脳教育から子どもたちを守る戦いが始まったと言われていますが、根底にあるのはマレーの指摘の通りだと思います。

左翼リベラルは保護者を学校教育から遠ざけることに全力を出していますが、この原則に則った手法で社会を破壊しているのではないでしょうか。

■教師による洗脳

もう少し具体的な学校で起きている事例を紹介します。

2023年1月23日、ニューヨーク州のブルックヘブン－コムセウォーグ学校区に通う生徒の保護者が学校の教師、校長などを提訴。グレード5（小学5年生相当）の担当教師が、子どもにトランスジェンダーや同性愛者であることを押し付け、その結果、娘が自殺願望を持ってしまったという訴えでした。

訴状によると、2021-2022年学期の担任教師が、保護者の承諾を得ずに娘を「レオ」という男の子の名前で呼び、本来であれば女の子なので“She/Her”のプロナウンを使うべきところ“He/Him”を使っていたことが明らかになりました。

授業中に男子生徒にゲイや女子（トランスジェンダー）になること、女子生徒には男子（トランスジェンダー）になることを勧めていたこともあったようです。学校はこのことを数か月以上にわたり知りながらも隠していました。

この事件が発覚したのは学校からこの提訴した保護者にとある連絡が来たから。その連絡とは「あなたの娘さんが女の子の絵に吹き出しで“I wanna kill myself”（自殺したい）と描いています」というものでした。話を詳しく聞くと、10歳にも満たない幼い子どもたちを教師が洗脳しようとし、自分の性別・ジェンダーに混乱を起こし、自殺願望を持たせるにまで至ったのです。

2022年1月にはカリフォルニア州スプレッケルスユニオン学校区の保護者が2人の教師と学校を提訴しています。グレード7（中学1年生相当）を“Equality Club”（平等クラブ）に参加させ、LGBTアイデンティティ、ホモセクシュアリティ、バイセクシュアリティなどを教え込んでいたというのです。

娘がトランスジェンダーをカミングアウトし、学校に男の子として接することに同意していましたが、いかにして保護者から隠して平等クラブの活動をするかを話し合っている動画が公開されたことで訴訟にまで発展しました。

記録に残らないように、ランチタイムに行っていたことも明らかになっていて「12歳の娘をトランスジェンダーだと信じ込むように操作していた」として訴えています。ニューヨーク、カリフォルニア州といえばブルーステートで有名な州ですが、保守の強いレッドステートのひとつワイオミング州でも同様の訴訟にまで発展している事案が明らかになっています。

２０２３年4月にスウィートハート郡学校区に通う少女の保護者が提訴。当時15歳の娘を保護者に通達せずに、学校が男子生徒として名前を変え、He/Himのプロナウンを使っていたことが明らかになったのです。この提訴をした保護者は別の学校で教師をしていて、郡内の学校を対象にしたイベントで、自分の娘が通う学校の教師に「娘を知っているか」と何気なく聞いたところ、「男の子の名前で学校に通っている」という衝撃的なことを知らされたのです。

その日のうちに娘に話を聞いたところ「学校で男子としていなければならないプレッシャーを感じる」「やっぱり女の子だったと言うと、怒られそうだから」と話したそうです。原告側の言い分しか出てきていないので断定できませんが、教師がどのようなことをしていたにせよ、娘さんは〝トランスジェンダーでなければならない〟というプレッシャーを大人たちから感じていたということは間違いありません。

■過激なトランスジェンダー思想に反対し解雇された教師

カリフォルニア州の体育教師ジェシカ・タイパスは2023年1月31日付で、契約が解除となりました。理由は学校の方針に従わないことを宣言したためでした。

この学校方針とは、生徒がトランスジェンダーであるとカミングアウトしたことを保護者に伝えてはならず、生徒の自主申告した性自認に合わせた名前やプロナウン、更衣室を学校で使っていることも保護者に隠すというもの。

タイパスはキリスト教徒として、この方針に従うことができませんでした。

タイパスが実際にトランスジェンダー思想に反対するトランスジェンダーの生徒に出会うことはありませんでしたが、SNSに過激なトランスジェンダー思想に反対する投稿をしていることを生徒が教育委員会に密告、2022年5月に謹慎処分。謹慎解除後に「不品行がないか監視する」と言い渡されました。過激なLGBT思想に賛同しないものは〝不品行〟なのです。タイパスはキリスト教徒として、教育委員会の方針に従えないことを伝えたところ、解雇通知を受けました。6年間の教師人生で問題を起こしたことは一度もありませんでした。

しかし、トランスジェンダーを完全に受け入れることができない人物は教師として働くことができないのです。教師は、保護者の次に長い時間を子どもと過ごす第二の親と言われることもあります。

みなさんも小学校・中学校・高校と毎年4月の新学期に担任が発表されるときはドキドキしていたのではないでしょうか。

人生に大きな影響を与えた先生と出会えた人もいるはずです。子どもの人生を大きく左右する場だからこそ、適格のある人物が教師でなければなりませんが、左翼活動家のような教師が増えている現実は、トランスジェンダーを自認する子どもが急増している主要な理由のひとつと言えそうです。

■ブリティッシュコロンビア州のワークショップ

カナダのブリティッシュコロンビア（ＢＣ）州レブルストークセカンダリースクール（中学～高校に相当）が、とある非営利団体主催のワークショップを生徒に推奨していました。

これは「ジェンダージャンクションワークショップ」と題され、非営利団体「ANKORS」が14歳～19歳を対象に、２０２３年2月25日に開催しました。

広告に書かれていた内容は、トランスジェンダーであることを保護者・親しい友人にカミングアウトする方法、ジェンダー・アファーミング・ケアの概要とアクセスなどです。

本当に困っている子どもたちを救うための活動かもしれませんが、残念ながらANKORSは過激なジェンダー活動で有名なだけでなく、ウェブサイトにはとんでもない記事を掲載している団体でもあり、学校教育と連携させてはならない団体なのです。

詳細は第3章で触れますが、カナダの薬物蔓延は深刻です。

この団体は覚せい剤やコカインなどの薬物をどのように使うのか、具体的なパイプの使い方、薬物を注射するにはどこに打てばいいか、薬物とセックスの併用など、とうてい子どもに見せてはならないようなもののオンパレードです。

そんなとんでもない活動家団体と学校が提携しているのです。

■ドラァグクイーンショー

ここ数年で急激に進んだLGBT運動は、最終段階に来ているように思えます。まずは大人の世界で始まり、やがて学校教育に。そして、今では幼稚園児ほどの幼い子どもたちが標的にされています。

ドラァグクイーンという女装男性によるイベントが〝ファミリーフレンドリー（家族向け）〟や〝全年齢対象〟の催しとして、各地で開催されるようになっているのです。

カナダ・ブリティッシュコロンビア州コキットラムのコキットラムシティセンター図書館で行われたドラァグクイーンストーリータイム。ドラァグクイーンが観客に絵本を読み聞かせている（2023年1月14日）。写真：ロイター／アフロ

厚化粧に奇抜な衣装、擬似乳房を堂々と見せつけ、過激なダンスや、性行為を彷彿させる動きをするのですが、本来であれば成人向け、日本で言うところの〝18禁〟です。

この手のアプローチは過激なダンスショーだけでなく、絵本の読み聞かせイベントとしても各地で開催されています。

一見すると、子どもたちを楽しませているだけに思う人もいるかもしれませんが、保守層からは、「子どもを洗脳している」「目覚めさせようとしている」と批判が出ています。実際にどのような様子なのかをネットで検索していただけるとよくわかりますが、明らかに度を越えているのです。

まだ男と女の違いすらよくわからないような幼い子たちの目に触れさせることは、いかがな

テネシー州のビル・リー州知事。写真：AP/ アフロ

ものかと思いますし、ストリップショーやアダルトビデオを幼稚園児や小学生に見せるようなものです。不適切であることは誰の目にも明らかでしょう。分別がつく年齢に成長したときに、興味があるのであれば見ればいいですが、これは意図的に興味を持たせるように仕向けているのです。

子どもをこのような過激左翼勢力から守るために動いている州が多くあります。

たとえばフロリダ州では、マイアミのホテルが家族向け、全年齢対象の「ドラァグクイーンクリスマス」を２０２２年12月に開催しました。事前にフロリダ州政府から「あからさまに性的なドラァグクイーンショーパフォーマンスを未成年に見せないようにする義務がある。義務の放棄をする場合は、酒類のライセンスを取り消す可能性がある」と警告をしましたが、このホテルでは予定通りのショーを実施、3月にフロリダ州が正式に酒類のライセンス取り消しの手続きを始めることが報じられました。

テネシー州では2023年3月、ビル・リー州知事が署名したことで、ドラァグクイーンパフォーマンスに制限をかける法律が成立。リー州知事は署名式典で「この州法は如何なるグループも標的にしていない。ドラァグクイーンショーを禁止したわけでもない。子どもたちを明らかな性的パフォーマンスから守るために、単純に年齢制限をかけただけである」と、「差別だ」と大騒ぎをする変態左翼社会正義マンたちをピシャリ。

このような法案は執筆時で、テキサスやミズーリ州など14の州議会に提出されていて、アーカンソー州ではすでに成立しています。

■正すのは政治家ではなく、私たち国民一人一人

ここまで欧米で起きている過激なLGBTムーブメントの実態を見てきました。左翼による社会の破壊、社会正義マンの自己満足の犠牲になっているのは、大人が守らなければならないはずの子どもたちでした。

第1章冒頭で、ユーリ・ベズメノフの39年前の警告を紹介しましたが、ベズメノフはインタ

ビューの中で「一般人はどうするべきか」という問いに対し、ふたつの答えを出しました。「自らを教育すること」「自分の周りで起きていることを理解すること」です。テレビや新聞の情報、センモンカを名乗る人々の意見を鵜呑みにするのではなく、自ら考える必要があるのです。社会のため、他人のためになっていると思うこと、宣伝されていることが、本当にその通りなのか、他の国で起きていることを知ることで、見えてくることもあります。

大袈裟に聞こえるかもしれませんが、国民一人一人が意識を高めることで、国が間違った方向に突き進んでいることに気づくことができます。そして、国がレールから外れているとき、それを正すのは政治家ではなく、私たち国民一人一人なのです。

政治が変われば国は変わりますが、その政治をする政治家を決めるのは国民です。「政治が悪い」と不平不満を口にするだけでは政治家という加害者と、国民という被害者の構図のネオマルクス主義と変わらないことに気づきました。

左翼思想に呑み込まれた国がどうなっていくのか。カナダはまさに反面教師に相応しいようなことが起きている国です。どのようなことが起きているのかを第3章、4章で紹介していきます。左翼に破壊されている国の実態はここからが本番です。

第3章

見せかけの自由

カナダの現実から学ぶ日本の未来

■カナダを反面教師に

カナダに移住して約6年が経過しました。日本を飛び出す決意をしたときは、こんなに長くカナダに残るとはまったく考えていなかったことでしたが、今でもその決断に後悔はありません。海外では私は外国人です。

日本にいたとき以上に〝日本人〟として接せられ、日本にいたとき以上に〝日本人〟を感じています。祖国日本に対する〝愛国心〟が芽生え、それは「本当に日本は今のままでいいのだろうか」という危機感を持つようにもなりました。

日本は海外から学び、変えるべきところがある一方で、たとえば、第1・2章で言及したような過激なLGBT運動に手を出すべきではありません。もちろん、すべての人がより良い人生を送ることができることは重要であり、すべての人が平等であるべきだと思います。

しかし、限度があります。簡単に〝限度〟と一言で言っても、その線引きは人それぞれ価値観が違いますので、多種多様です。価値観、つまり感覚だけで線引きをすると、単に変化を恐れているだけの頑固者の意見になり、説得力に欠けるものになりますが、実例を知ることで説得力をつけることが可能だと思います。

カナダは数年後の日本の姿かもしれないと私は思っています。

これは私の感覚だけでなく、すでにアメリカ外交界の重鎮と言われたズビグネフ・ブレジンスキーが1997年に著書『The Grand Chessboard』で言及していることでもあります。ブレンジスキーはカナダ育ちのポーランド人で、後にアメリカに移住し、ジョンソン大統領の顧問、カーター大統領の国家安全保障補佐官を務め、2008年のオバマ選挙キャンペーンの外交アドバイザーを担ったという人物です。

ブレンジスキーは『The Grand Chessboard』で日本の世界の立ち位置について言及していて、ズバリ日本のことを「**富と権力を建設的に使うことで尊敬される国であり、恐れられることも恨まれることもない国、〝カナダ〟より遥かに強力で、世界に影響力のある国になり得る**」と指摘しているのです。

言い換えると、日本はカナダをお手本にするべきであると言及している。一部の権力者たちにとって日本がどのような国になってほしいのか、そのためにどのようなことを仕掛けてくるのかは、カナダで何が起きているのかを知ることで予測できるのではないでしょうか。

私はユーチューブ動画でカナダのことを〝中華人民共和国カナダ省〟と揶揄していますが、カナダは見せかけの自由、見せかけの美しさ、元気な中国といったような国なのが現状です。政府による国民の管理、権利制限、言論統制、気候変動詐欺……。日本のカナダ化は防がなければなりません。

ジャスティン・トルドー率いるカナダ政府により、カナダは内部から崩壊しています。日本は決してこちら側に来てはならない。

では、何が起きているのか、まずは過激なLGBT運動がもたらした悲劇に目を向けてみたいと思います。

■国に奪われる親の権利

ロブ・フーグランドは2021年3月19日、ブリティッシュコロンビア州ノースフレイザー裁判前センターにいました。

ここはハイレベルのセキュリティの備わった、凶悪犯が裁判を待つ間に収容される牢屋で、1日のうち、23時間は独房に入れられるという環境。そして唯一独房から出られる1時間の自由時間も地獄。凶悪犯が集まり、暴力沙汰は日常茶飯事。誰かが倒れるまで看守は介入しようとしない……。

彼はここに少なくとも4月12日まで入れられることになっていました。その後、裁判で禁錮6か月、罰金300万円の判決。

フーグランドは何をしたのか。人を殺した？　銀行強盗？　強姦？　国家転覆を目論むテロを計画した？　違います。

自分の娘に〝娘〟として接したことです。

意味がわからないかもしれないので、もう一度言います。〝自分の娘を娘扱いしたこと〟で彼は牢屋に叩き込まれていたのです。まだ意味がわからないと思います。私も意味がわかりません（笑）。

左翼リベラル社会正義マンに支配された場所は、賛同者は厚遇されますが、反対者の権利は親子であろうとも奪われるのです。

フーグランドの娘さんがグレード5（小学5年生相当）のころ、学校で問題を抱えていました。このころから学校カウンセラーに相談をするようになっていたそうです。

後に発覚したのが、学校で『SOGI 123』が教材として使用されていたこと。『SOGI 123』は日本語で言うと『性自認123』で、トランスジェンダーに関する教科書のようなものです。フーグランドの話では、学校の授業なのか、カウンセラーが娘さんの個別対応のために用意したのかはわかりませんが、彼曰く「娘に影響を与えた可能性が高い」ということです。

グレード7（中学1年生相当）の終わり、娘さんは髪の毛を短くしました。学期末になり、フーグランドは彼女が、学校の出席簿で自分の名前を男の子の名前に変えていたということを知ります。保護者に知らせず、学校の判断でソーシャルトランジションを始めていたということです。精神科医の勧めで内分泌専門医を紹介されたのはこのときでした。精神科医は彼女にテストステロン（男性ホルモン）治療を勧めていたのです。

グレード8（中学2年生相当）になり、ホルモン治療をすることが決定しました。保護者の同意が必要なことでしたが、母親は賛成、父親のフーグランドは反対という状態でした。

彼がホルモン治療に反対していた理由は、娘はトランスジェンダーではなく、精神疾患の可能性があること、治療のリスクを知っていたこと、ジェンダーディスフォリアが成長とともに消えることが大多数であることを知っていたためです。

グレード9（中学3年生相当）の2018年12月に父親の同意がないまま治療を強行することに。フーグランドはホルモン治療を止めるため、裁判所に治療差し止めを求め提訴しました。

結論から言うと、地方裁、最高裁、控訴裁（ブリティッシュコロンビア州は控訴裁判所が最高裁よりも上位）すべてで、治療を開始する命令が出されました。6団体18人の弁護士が参戦するという、大掛かりな裁判で、LGBT活動家の全面勝利だったと言える裁判でした。

第2章でも触れましたが、ジェンダー・アファーミング・ケアを推進している活動家が言うのは「娘（息子）が自殺をするか、性転換するかを選べ」ということ。「治療をしなければ子どもは自殺する、治療すればすべてが解決できる」と主張しているのです。

フーグランドの娘さんの診察をしたジェンダー・アファーミング・ケア専門医も「治療をし

なければ自殺の危険性があるが、治療すればすべての問題が解決できる」と、精神疾患の可能性を指摘するフーグランドの主張を跳ねのけていました。

実際、フーグランドの娘さんは自殺未遂をしたことがあります。病院で処置を受け、一命を取り留めましたが、自殺を図った理由は〝体育教師にフラれた〟からでした。原因は失恋で、ジェンダーディスフォリアが原因というわけではなかった。彼女の診察をしていた内分泌専門医も「ジェンダーディスフォリアによる自殺の兆候はない」と証言しました。

ところが、娘さん本人はフーグランドに「ホルモン治療を受けられないなら私は自殺する」と伝えています。これに対しフーグランドは「いや、あなたが自殺なんかしないことをあなた自身がよく知っているだろう」と返答しました。

すると娘さんは「本当はそう（自殺する気はない）なの。でも、こう言うように（ＬＧＢＴ活動家弁護士に）言われたの」と答えたとのこと。ＬＧＢＴ活動家弁護団のこの作戦は裁判で認められ、治療の必要性があることを裁判所が認定しています。

娘さん側についていたＬＧＢＴ活動家弁護士のやり方も問題ですが、この件で問題視されているのが、親の権利が奪われたことです。

未成年がホルモン治療を受けるためには、保護者の同意が必要です。人生を大きく左右する決断になるわけですから、当然です。先述の通り、娘・母は治療を受けることに同意していますが、父親は反対でした。

ＬＧＢＴ活動家弁護士は、14歳の娘さんはすでに〝成熟した未成年〟であり、保護者の同意がなくとも適切な自己判断ができると主張しました。とんでもないことを言っているように思えるかもしれませんが、１９９３年に〝British Columbia Infants Act〟（ブリティッシュコロンビア州未成年法）が改正され、未成年の患者が成熟していて、適切な意思決定ができると判断した場合、医師は保護者の同意なしで中絶などの医療行為をすることができることになっていたのです。

これはジェンダー・アファーミング・ケアにも適用されていて、裁判所もこの主張を支持しました。我が子の性別を変えることを、親ではなく、医師が決めることになってしまっているのです。

さらにブリティッシュコロンビア州最高裁判所は、フーグランドの父親としての権利に制限を科しました。治療を受けることを止める説得を禁止。自分が名付けた、生まれたときの名前で娘を呼ぶことが禁止されました。さらに、いかなる人物との会話でも、娘さんを女の子として表現（She/Her）することも禁止となったのです。

そして、これらの命令に違反した場合、〝家族に対する暴力〟と認定することが言い渡されました。自分の娘に娘として接することはＤＶ（家庭内暴力）だとされ、我が子との会話の内容まで制限をかけられてしまったのです。

第2章で紹介した通り、そもそもホルモン治療に効果があるとは言い切れません。「効果がなかった」ということならまだしも、身体的・精神的に悪影響を起こすリスクがあります。慎重な判断が求められる中、司法判断として正しいものだったのでしょうか。

フーグランドは判決後に複数のメディアの取材に応じ、窮状を訴えましたが、これは裁判所命令に違反する行動でした。最高裁判所の命令で、フーグランドは3月16日に逮捕され、4月30日に控訴裁判所が保釈命令を出すまで拘束。約10万円の保釈金を支払ったのですが、先述の通り、これは凶悪犯にする対応で、前科のない娘を愛する普通の郵便局員への対応としては度を越えたものでした。

ほかにも異常なことが起きていました。

本来だったら4月19日の時点で、彼は釈放されているはずだったのです。フーグランドは裁判所の命令に違反したことで、最大禁錮5年を科せられる可能性があったのですが、司法取引の末、18か月の保護観察と1か月の禁錮刑を受け入れました。すでに1か月拘束されていたので、これは即時釈放を意味するものでした。

ところが裁判所はこの司法取引を却下。禁錮6か月、約300万円の罰金命令を出しました。担当裁判官のマイケル・タメン最高裁判事の判決理由を要約すると「フーグランドを処罰しなければ、「司法制度のメンツがつぶれる」というものでした。

フーグランドは逮捕される前、ユーチューブの動画でなぜ戦い続けているのかを語っています。親の権利を奪われてしまっていることに関しては「裁判官が子どもの義理の親になってしまっている」「裁判官に従うことしかできず、親として、完全に健康体だった子どもが破壊されるところを見せつけられている」「私にあるのは、子どもの性別を認めるか、投獄されるかの二択だ」と苦しい心境を語りました。

「彼ら（過激ジェンダー活動家）は、妄想を創り出しているが、この〝泡〟が弾け、自分の性を認識したときには、もう手遅れになってしまう」「このままだと、娘は女の子に戻ることはできなくなってしまう」と、第2章で紹介したディトランジショナーズの例の二の舞になってしまうことを危惧。「（意識だけは）いつでも女の子に戻ることはできるかもしれないが、持っているはずだった健康体を取り戻すことは二度とできなくなってしまうかもしれない」とも言っています。

まさに、ディトランジショナーズの人々が主張していることとです。フーグランドの言う〝泡〟がはじけるタイミングが最初期であれば後戻りができるかもしれません。しかし、クロエ・コールやミシェル・ザッキーニャのように、外科手術までしてしまった後に〝泡〟がはじけたら？その後悔は計り知れません。

■アヘン戦争の再来

カナダを含め、北米で深刻な問題になっているのが違法薬物の蔓延です。

薬物の過剰摂取（オーバードーズ）による死亡が後を絶たず、アメリカでは２０２１年に10万６６９９人が命を落とし、18歳から45歳の死因第1位になるほどです。

単純計算で1日２９２人が薬物の過剰摂取で亡くなっているのです。カナダでも大きな問題になっていて、私の住むブリティッシュコロンビア州の死因の第2位が薬物の過剰摂取でした。

薬物の過剰摂取が急増している背景にはフェンタニルの蔓延があります。フェンタニルは麻酔・鎮痛剤として使用される合成オピオイドの一種で、ヘロインの約50倍の効果があるのに、安価であることが特徴です。

フェンタニルの致死量は2㎎。キッチンに行って、砂糖をひとつまみしてみてください。それくらいの量で死に至る危険性があるのです。依存状態で正常な判断ができない人であれば、ちょっとした不注意で命を落とす量を摂取することになり、そのまま帰らぬ人になるケースが多発しているのです。

フェンタニルは中国由来のものが中心であると言われています。中国から原材料がメキシコ西海岸に送られ、麻薬カルテルが製造、それがアメリカの南部国境から流入しています。

トランプ政権下で、中国から直接アメリカに流入することは防げるようになりましたが、メキシコが経由地になっただけでした。不法移民と絡む問題で２０２４年大統領選挙の主要な争点になることは間違いないでしょう。

今の北米は、１８４０年に勃発した清（中国）とイギリスのアヘン戦争を彷彿させる状況だと言われることがあります。当時のイギリスが、貿易赤字を補うために行った三角貿易による副産物で起きたものなので、本質は違うかもしれませんが……。

■薬物合法化社会実験

ブリティッシュコロンビア州では２０２３年1月31日から、事実上の違法薬物の合法化社会実験が始まりました。違法薬物というのは、フェンタニル・コカイン・ヘロイン・覚せい剤など、あらゆるものです。ちなみに大麻（マリファナ）は２０１８年10月にカナダ全土で合法化され、街のいたるところに大麻ショップが並んでいます。

脱線話ですが、大麻のにおいはご存知ですか？　私にとっては何とも形容しがたい、嫌なにおいがします。大麻は医療用に使われることがあり、たばこと比べ害が少ないと言われることから、近年アメリカでは合法化される州が増えています。

たばこのにおいも心底嫌いな私としては、たばこと比較にならないほど臭いものを街でスパスパ吸わないでほしい……と感じてしまいます。ちなみに、カナダで合法でも、日本人がカナダで大麻を所持することは犯罪です。わざわざ日本の警察が追いかけてくることはありませんが、海外にいても日本人には違法なことは変わりありません。「大麻が違法なこと自体がおかしい」という議論もありますが、私としてはそんなことどうでもいいと思うくらい、あのにおいが嫌いなのです。

違法薬物の合法化社会実験はカナダ全土ではなく、ブリティッシュコロンビア州限定で、2026年までの3年間実施される予定になっています。

カナダ最大都市トロント、首都オタワを抱えるオンタリオ州も薬物合法化社会実験を検討していると報じられていて、これからカナダで広がりを見せるかもしれません。

18歳以上は2.5gまでなら如何なる違法薬物も所持が許され、警察に発見されても逮捕・押収はされず、更生プログラムの案内を渡されるだけです。

一度私のツイッターに投稿したことがありますが、近所のスーパーにりんごを買いに行く途中、線路の上の高架橋の階段のど真ん中で、堂々とパイプを使って薬物を吸っているところを目撃したことがあります。そこを小学生高学年くらいから中学生くらいの野外学習をしていた集団が通っていくという異様な光景でした。

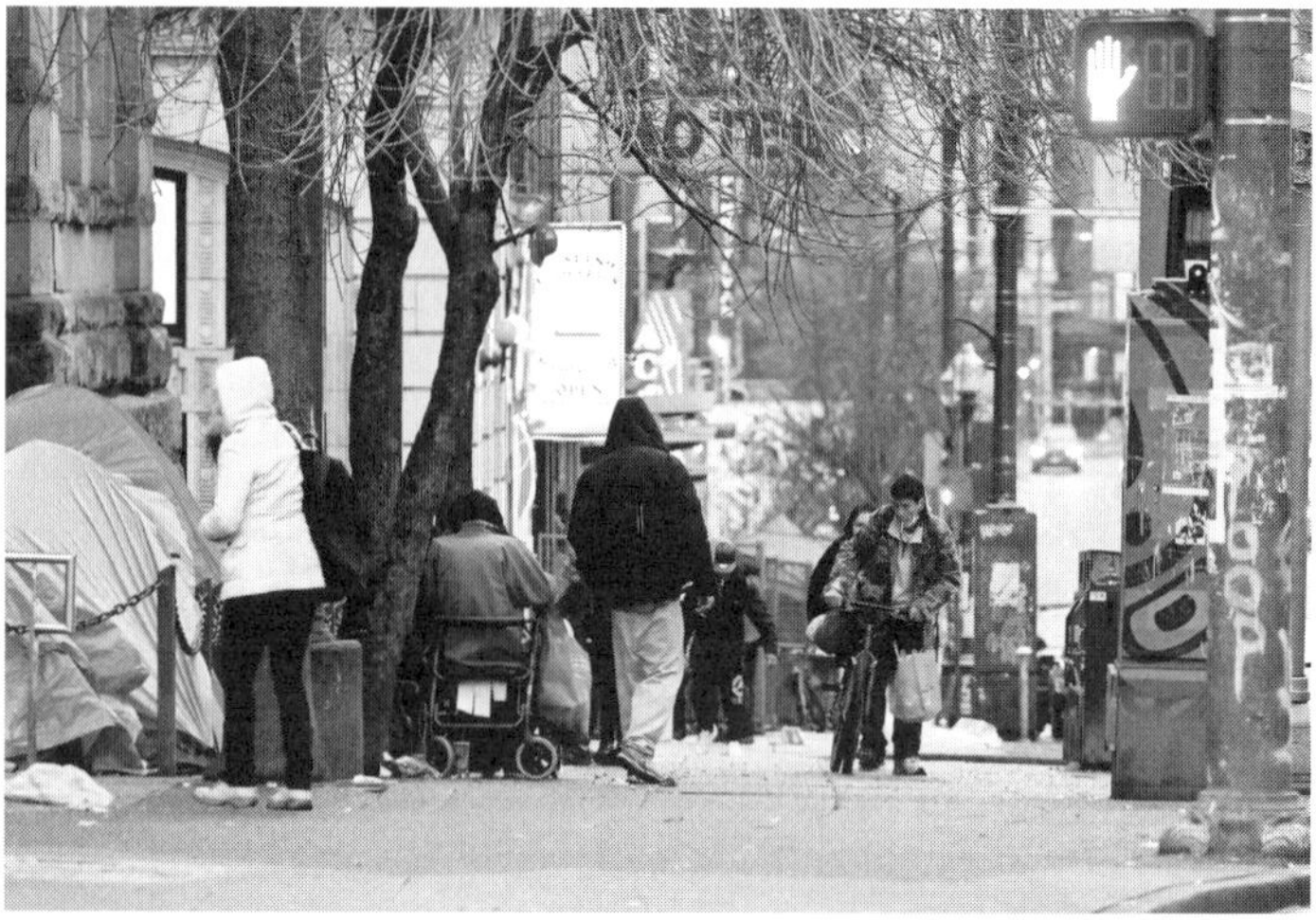

カナダ・ブリティッシュコロンビア州バンクーバーのダウンタウン・イーストサイドにあるイースト・ヘイスティングスストリートの様子（2023年1月31日）。
写真：ロイター／アフロ

バンクーバーに旅行や留学に来ると、必ず「ここは近づくな」と言われる場所があります。イースト・ヘインスティングスストリートという大通りで、ホームレスが住み込み、薬物中毒者が徘徊する、世界の終わりのような光景が広がっています。

観光名所になっている蒸気時計と目と鼻の先は完全に異世界なのです。ジャーナリストのアーロン・ガンのユーチューブ動画“Vancouver is Dying”（死にゆくバンクーバー）をご覧いただくと、美しいバンクーバーの薬物に汚染されている闇を動画で知ることができます。

■バンクーバーの薬物事情

2016年4月、ブリティッシュコロンビア

【薬物過剰摂取死の推移】

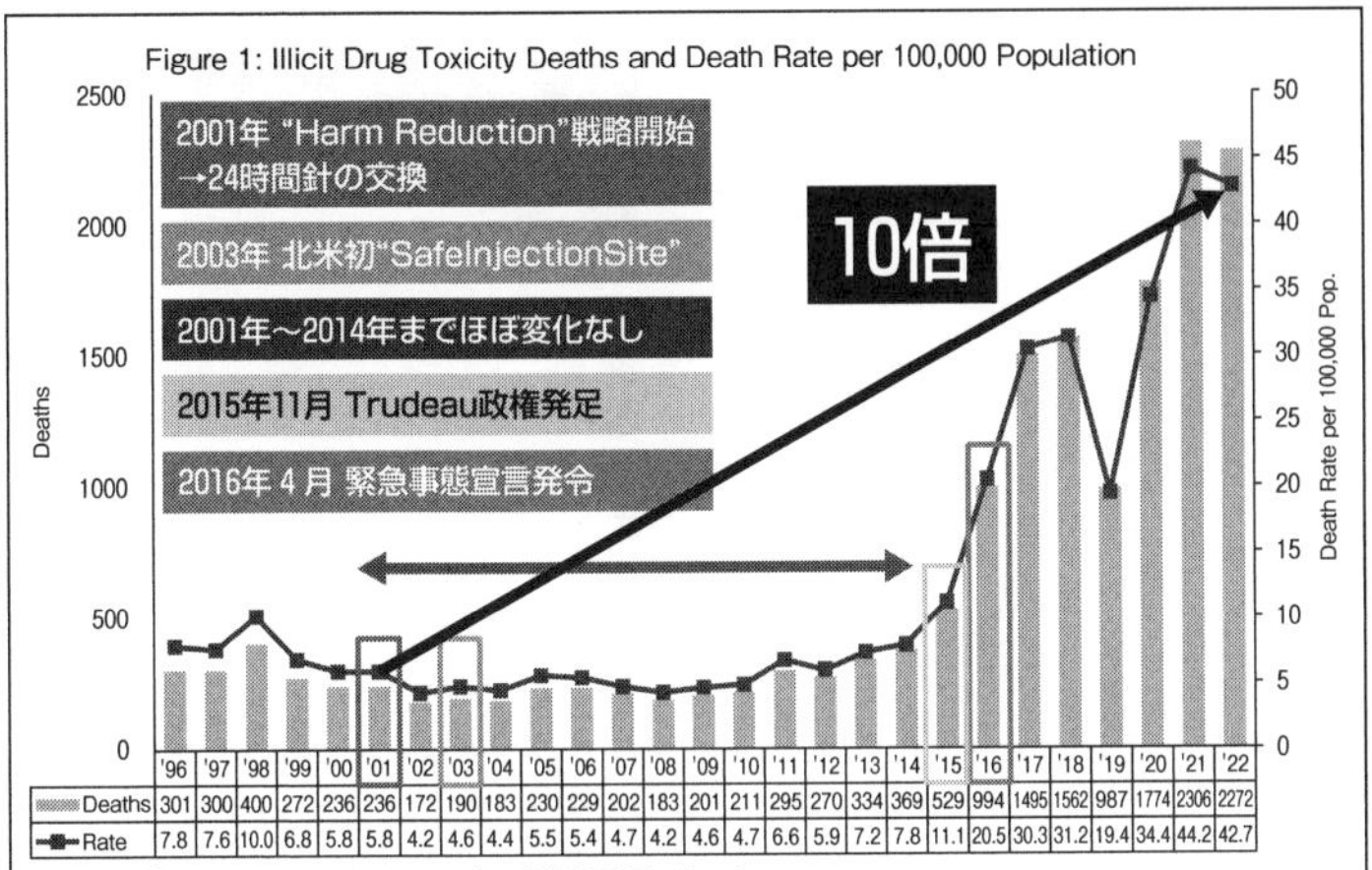

出典：ブリティッシュコロンビア州検死局データ

州政府は薬物による死者が急増していることを受け、緊急事態宣言を発令しました。６年経過した今も解除されておらず、薬物合法化にまでなっています。

上のグラフを見ていただけるとわかる通り、２０１５年から薬物の過剰摂取による死者数が爆増しています。２０１５年と言えば、11月にトルドー政権が誕生した年ですね……。

バンクーバーは２００１年から本格的に薬物対策を開始、２００３年には北米で初となるセーフインジェクションサイトを開設。セーフインジェクションサイトは無料で薬物依存者に薬物を提供し、職員の監視下で使わせることで、誤った過剰摂取による死を防ぐことが目的に設置されました。

グラフの通り、セーフインジェクションサイトの開設後も死者数は横ばい、２０１３年ころから増加傾向を見せ、２０１５年から爆発。２０１５年と言

【死因と年齢】

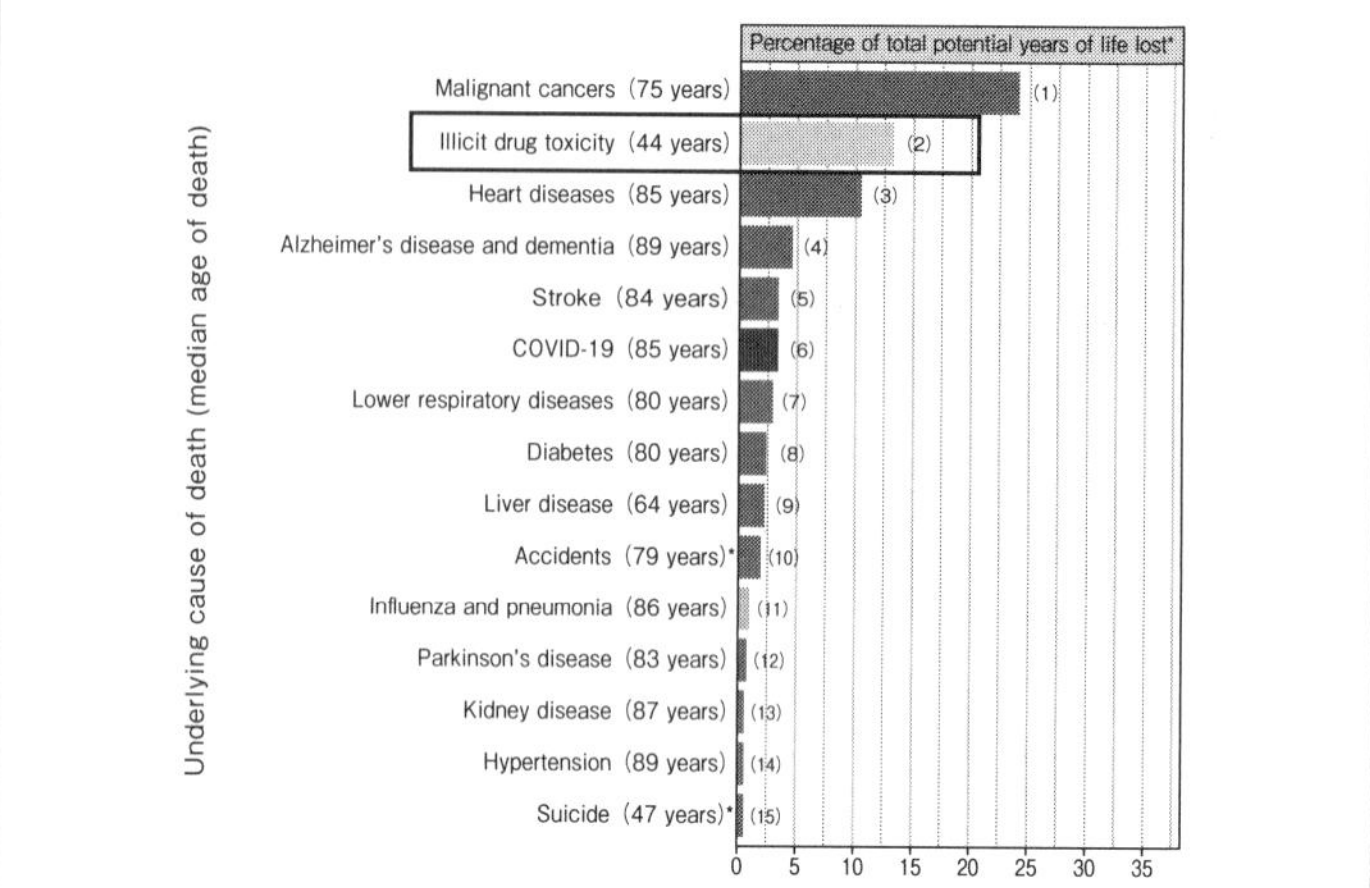

出典：ブリティッシュコロンビア州検死局データ

えば、トルドー政権が……。

2019年に一時的に減少しましたが、2020年コロナ禍ブースト。2021年には大台の2000人の死者数を記録し、2022年も2000人を超える死者数でした。平均6人がどこかしらで薬物過剰摂取により毎日亡くなっているのです。上のグラフを見てください。薬物過剰摂取死は全年齢の死因第2位で、心臓疾患やがんなどの平均年齢が75歳から85歳に対し、薬物過剰摂取死は44歳と異常に低いのです。

死者数激増の背景にフェンタニルの蔓延があることは先述しました。バンクーバーは主要なフェンタニル流入源の中国との貿易港があるため、被害が大きいと言われていて、2016年に死者数が急増した背景にはフェンタニルがあります。

フェンタニルによる死亡は2015年までは

20%程度でしたが、2016年には70%、2017年以降は90%近くを占めるようになっています。また、2021年ころからベンゾジアゼピン系の過剰摂取死も増え始めています。ベンゾジアゼピン系は睡眠薬や抗不安薬に含まれる成分です。

■元薬物中毒者はどう思っているのか

薬物合法化に踏み切った理由は、合法化することで薬物依存者の“Stigma”（汚名・恥辱）を取り除き、治療を受けやすい環境をつくりあげることで、命を守ろうという考えです。聞き心地はいいものかもしれませんが、果たして正しいことなのでしょうか。

“Stigma”（汚名・恥辱）という意味の単語ですが、薬物依存の治療を受けると、自分が薬物依存者であることが周囲に知られてしまいます。これは恥ずかしいことであり、それが薬物依存治療の障害になっていると考えられているのです。

『Epoch Times』が元薬物中毒者のジュゼッペ・ガンチに取材をした記事“Hard Drug Decriminalization Won't Save Lives in BC, Says Recovered Drug Addict”を参考に、元薬物中毒者から見た政府の対応を紹介します。

ガンチは現在、薬物中毒者の入院治療施設で勤務しています。ガンチは13歳のころ、アルコールや大麻を覚えました。そして、16歳までにドラッグ依存に陥ってしまった。社会人になり働き始めてもドラッグを止めることはできず、30代後半のとき、職場でドラッグを使うようにまでなりました。当然、正常な判断ができない状態で働けるわけもなく、ドラッグを使っていることが発覚。

ここがガンチの人生を変えるターニングポイントになりました。普通でしたら、警察に突き出され、刑務所送りになるでしょう。しかし、ガンチは雇用主の勧めで、労働保健サービスの1年間のリハビリを受けることを決めます。そして、1年間の治療の末、社会復帰をすることができたのです。

重要なことは、ガンチは治療を受けたことで、立ち直ることができたということですが、もっと重要なのは、なぜガンチに治療を受ける決断ができたかです。

先述しましたが、過激左翼の巣窟になっているカナダ政府、ブリティッシュコロンビア州政府の言う、"Stigma"を取り除くことができたからなのかというと、そうではありません。ガンチは明確に否定しています。

「私が治療を受けることができたのは、薬物中毒により、重大な問題（職場で使うほど依存し、常に過剰摂取による死の恐怖）があったからであり、"Stigma"から解放されたからではない」と、政府の薬物合法化を「過剰摂取を止めることはない」と否定し、「政府は何も理解していない」

と薬物合法化は間違っていると指摘します。

ガンチは自身の経験、そして、薬物中毒者治療の最前線にいる経験から、政府や左翼の感覚はズレているというのです。

「そもそも薬物中毒者に、「〝Stigma〟が理由で治療を受けない」なんて人を見たことがない」「治療を受けないのは〝Stigma〟が原因ではなく、ドラッグが好きだから。使うのを止めたくないだけなんだ」と、真っ向から否定しています。

この意見に賛同するのが、元バンクーバー警察勤務歴27年のカーティス・ロビンソンです。「突然、政府は薬物中毒者に〝〝Stigma〟が原因だから〟と言い出し、とてつもない恩恵を与えようと言い出したが、1995年以降、現場では薬物中毒者の少量の薬物所持を逮捕することを止めている」と、取り締まりをしていた視点から、薬物合法化の問題を指摘。「薬物中毒者は周囲の人がどう考えているかではなく、どうやってドラッグハイになるか、どうやって離脱症状を乗り切るかを考えているのではないか」とも語っています。

このような意見を取り入れた政策を進めているのが、ブリティッシュコロンビア州の隣にあるアルバータ州です。アルバータ州はサスカチュワン州と並び、カナダの保守大国と呼ばれている州です（近年、都市部を中心に左傾化が急激に進んでいますが、ここでは割愛します）。

アルバータ州は、ブリティッシュコロンビア州の死なない程度の薬物を与え続ける政策ではなく、治療に専念させる政策を打ち出しています。

アルバータ州は2021年までに8000床の治療施設を用意しました。一方のブリティッシュコロンビア州は3261床に留まっています。アルバータ州は人口約465万人、ブリティッシュコロンビア州の人口は約540万人で、人口比で見ても、アルバータ州が治療にフォーカスしていることがわかるでしょう。

薬物合法化に踏み切ったブリティッシュコロンビア州と、治療にフォーカスをしているアルバータ州。これからの数年で、どのような違いが生まれるか注目です。

誰しもが想像していた通りのニュースが出たのは2023年の3月。

ブリティッシュコロンビア州の薬物過剰摂取による救急通報が過去最高数を更新したのです。3月22日、ブリティッシュコロンビア州内で薬物過剰摂取の通報は205件で、1日の通報件数の過去最高数を更新。3月の1日平均通報件数は119・9件で、これも2021年7月〜8月の116・2件を更新。

1日に100件以上の通報が、3月15日から4月2日の19日連続であり、2021年8月の15日連続を大幅に更新。薬物合法化からまだ2か月しか経過していませんが、すでに暗雲が立ち込めています。

関連した衝撃的なニュースもありました。3月24日、オンタリオ州にあるカナダ最大都市トロントも薬物合法化の計画を発表したのです。ブリティッシュコロンビア州のように、州全域ではありませんが、トロント市内（イメージとしては東京23区）の薬物所持・使用は年齢に関係なく合法にするというものです。つまり、子どもも合法化の対象にしようとしているのです。過激なＬＧＢＴと同じで、左翼の暴走は子どもたちの犠牲に繋がるようです。

２０２３年5月3日、更に衝撃的なニュースも飛び込んできました。

移動式トレーラーハウスで違法薬物を白昼堂々と販売する人が現れたのです。場所は薬中ゾンビが徘徊するヘインスティングスストリートで、大きな警察署は目と鼻の先。当然即日逮捕されましたが、経営者のジェリー・マルティンはメディアの取材に堂々と応じていて、逮捕される覚悟でやっていると語っていました。

取材に対し、逮捕された場合、「薬物中毒者が〝安全な違法薬物〟にアクセスすることを制限することとは、カナダ権利自由憲章第7条に違反している」として、合憲性を争う訴訟を起こすと主張していました。極左団体が喜んで食いついてきそうな裁判ですね……。

マルティンは昨年、２人の兄弟を薬物過剰摂取と違法薬物の取引抗争で亡くしています。闇市場ではコカインやヘロインなどにフェンタニルを混合した危険なものが横行していて、薬物過剰摂取死の主要な原因になっています。マルティンは「フェンタニルの混ざっていない薬物を売ること」「闇市場ではなく、堂々と販売すること」で人々の命を救うことができると主張

不純物なし 18歳以上の身分証明必須		
コカイン	2000円	0.2g
	5000円	0.5g
	9000円	1g
	22000円	2.5g
クラック コカイン	2000円	0.15g
	5000円	0.4g
	10000円	0.9g
	25000円	2.5g
ヘロイン	2500円	0.1g
	5000円	0.25g
	11000円	0.5g
	20000円	1g
覚せい剤	1000円	0.1g
	2000円	0.3g
	3500円	0.7g
	5000円	1g
	10000円	2.5g
MDMA	1000円	100mg
	4500円	500mg
	7500円	1g
	15000円	2.5g
フェンタニルの混入なし 検査済み		

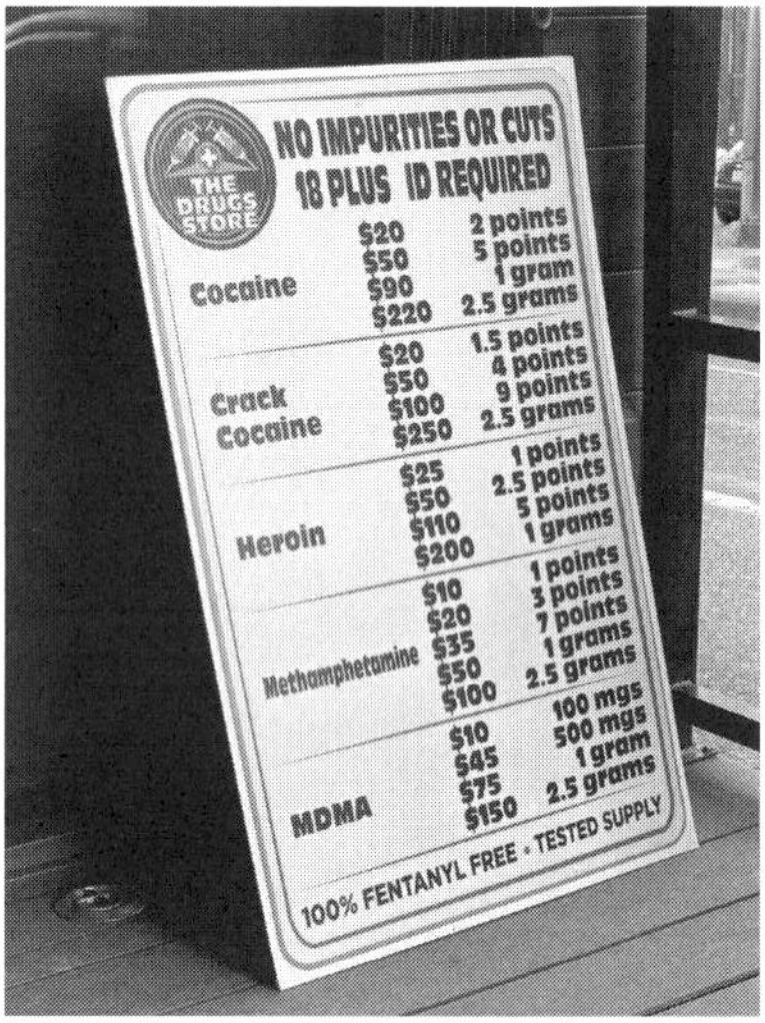

ジャーナリストのアーロン・ガン（Aaron Gunn）が撮影した薬物価格表。

しています。「薬物を撲滅しよう」という発想にはならないのです。

ちなみに、看板を見ていただけるとわかるとおり、身分証明証の提示で18歳以上であることを証明する必要がありますが、たばこやアルコール、宝くじは19歳以上でないと買えません。そもそもマルティンはどこから違法薬物を仕入れたのでしょうか。続報を待ちたいと思います。

報道のあった翌日、現場に行ってみました。

現場付近で郵便局員が注射器で刺される事件も発生していて、常に周囲を警戒しなければならない場所です。すでに逮捕されていたことを知らずに行ったので、ヘインスティングストリートを探し回っても見つけることは当然できませんでした。

その代わりに、自分の目で薬物に溺れている人々を見て回り、改めて今のブリティッシュコロンビア州政府、カナダ政府の進める〝死なない程度の薬物を与え続ける〟方針は間違っていると確信しました。ゾンビのようになっている人々をゾンビとして生き永らえさせることは、果たして人道的なのか。

本当に助けたいと思うのであれば、やるべきことは他にあるはずなのですが。

■薬物合法化で成功した国

ポルトガルは薬物合法化の成功例として、よく挙げられる国です。

２００１年、「ヘロインを国民の１％が使用している」と言われるほど蔓延し、大胆な対策として薬物合法化に踏み切りました。薬物は禁止されていますが、少量の所持による逮捕をしない非刑事罰化を世界で初めて決めました。

逮捕をしない代わりに、保健省の薬物依存抑制委員会に送られ、薬物依存治療が必要かどうか、罰金や福祉活動が必要かどうか決められます。

20年以上経過しましたが、薬物過剰摂取死はＥＵ圏内の平均を下回り、注射針の使い回しが原因のＨＩＶ感染も激減しました。つまり、薬物合法化に成功していると言えるのです。

ポルトガルがなぜ成功したのか。それは、治療に専念したからだと言われています。具体的には先述の薬物依存抑制委員会による管理、メタドンというヘロインと同じような効果があるが、効果が長く効く安価な薬物を薬物依存者に提供することをしました。メタドンの量を徐々に減らすことで、社会復帰させる、また、過剰摂取を防ぐこともでき、このような政策をハームリダクションと呼びます。"Harm"（害）を"Reduction"（減らす）という政策です。「毎日インスリンが必要な糖尿病患者と同じようなものだ」というスタンスで実施されています。

では、カナダでは成功するか？

成功しないという指摘のほうが多いのが実情です。なぜなら、カナダの薬物合法化は、ポルトガルと似て非なるものだからです。ポルトガルは治療に専念をする道を選びました。一方、カナダでは合法化することで治療を"自主的に"受けに来やすくしています。警察が薬物使用現場を目撃しても、治療の情報が書かれた紙を渡すだけ。

ハームリダクション政策に関しても、針の交換など衛生的な器具を無料で提供したり、覚せい剤やヘロインなどをセーフインジェクションサイトで無料提供し、職員の監視の下で使用させることで、過剰摂取死を防いでいるだけなのです（税金を何に使ってくれてんだと思います）。

ポルトガルのように、代替のメタドンを提供しているわけではないのです。

3月22日に過去最高の1日205件の薬物過剰摂取の通報がありましたが、ダウンタウンイーストサイドだけで通常の倍以上の45人の薬物過剰摂取の通報がありました。3月22日は生活保護費の支給日で、セーフインジェクションサイトで無料提供される低用量では満足できない薬物中毒者が、こぞって闇市場で強力なドラッグを生活保護費で購入しているためだと言われています。

もうひとつ大きな問題なのが、トルドー政権は薬物問題の根本原因である、薬物密売人に対する処罰を〝軽く〟しています。

２０２２年6月に刑法が改正され、薬物や武器の違法売買の刑事罰から実刑（禁錮刑）の最低基準を撤廃、裁判官の裁量で執行猶予を可能にしました。デービッド・ラメティ法務大臣は改正の理由を「カナダの司法制度には構造的差別が存在している」とし、「人口の５％しかない先住民族が刑務所の30％を占め、人口の３％の黒人が刑務所の７％を占めている」と、司法制度が不平等であると主張。

「先住民族の母親が、パンを得るため（ギリギリの家計をやりくりする意味）に、極めて低いレベルの違法薬物の売買で捕まり、条件付きの裁量刑にできないのはおかしいことだ」と会見で刑法改正の必要性を訴えました。

行きすぎた左翼はツッコミどころが多すぎるのですが、まず、「やっていいこととやってはいけないことの区別くらい大人ならつけろ」と言いたいです。また、ラメティ法務大臣の主張は「先住民族や黒人は、刑罰を軽くしないと犯罪をしまくる低レベルな人種」と言っているのと変わらないのではないでしょうか。これこそ人種差別です。

また、トルドー政権は2016年にメキシコのビザ要件を緩和しました。

2009年に保守党ハーパー政権が、犯罪者対策で厳格化していたものを撤回したわけですが、薬物の密輸や暗殺をするメキシコカルテルなどの危険人物の流入が爆増。危険人物、不法入国が増加することが警告されましたが、強行した結果、不法入国300%増加、違法薬物の押収量80%増加という結果になっています。主な違法薬物の流入源は中国と言われているので、メキシコだけが原因ではありませんが、このような大穴がトルドー政権によってつくられていたのです。

薬物合法化をする前に、薬物の流入を止めることをしなければならないはずです。アメリカではトランプ前大統領をはじめ、違法薬物の密輸に対して、死刑制度を導入することが呼びかけられています。一方のトルドー政権は、密輸をより簡単に、より安心してできるような環境を整えているのです。

2023年4月12日にブリティッシュコロンビア州リッチモンドで3人の男が薬物の違法製造で逮捕されました。フェンタニル22kg（1100万人の致死量）、覚せい剤800g、コカイン2kg、末端価格7・8億円相当の大量の薬物が発見されましたが、この3人は逮捕された直後に保釈されています。前著で紹介したソフト・オン・クライム政策（犯罪者に優しい）はカナダでもあり、薬物の密造・密売・密輸が止まらない原因になっています。

薬物合法化も過激ジェンダー・ＬＧＢＴ活動、人種平等、ジェンダー平等など、同じ問題があるように思えます。左翼リベラル社会正義マンたちが、〝あなたのために〟を押し付けているだけで、〝当事者〟の話に耳を傾けていないのです。

このような薬物合法化が日本で起こるとはさすがに思えません。ここで私が最も言いたいことは、左翼社会正義マンに注意していただきたいということ。「欧米では～」という枕詞で、日本よりも進んでいて、日本も追従すべきものであるかのように左翼思想が日本で喧伝されているように思えます。

これらの実態は、左翼の自己満足の押し付けと、一部の活動家による社会の破壊が目的です。このような勢力を日本で大きくさせてはなりません。

■〝成熟した未成年者〟の安楽死を可能にするべきかどうかの議論

薬物問題とは少しズレますが、カナダで議論されていて、少し前に日本で大きな話題になったことを言及しておきます。２０２３年2月12日『ニューヨーク・タイムズ』が〝A Yale Professor Suggested Mass Suicide for Old People in Japan. What Did He Mean?〟（日本の高齢者に集団自殺を勧めたイェール大学助教。彼の意図は？）が大きな話題になりました。イェール大学助教という肩書でメディアでよく目にする成田悠輔さんが「高齢者は集団自決、集団切腹をすればいい」と発言したことが発端。これが安楽死に関する議論に繋がっていきました。

カナダでは２０１４年にケベック州で安楽死を合法化する法が成立。しかし、カナダ連邦法で安楽死は禁止されていたため、裁判になり、２０１５年カナダ連邦最高裁判所は「安楽死の禁止はカナダ権利自由章典に違反している」と判決を出し、カナダ政府に安楽死を合法化する法律改正を命令、そして、２０１６年６月に安楽死が合法化されました。

安楽死は〝Medical Assistance in Dying〟（医療的介助による死）で頭文字をとってＭＡＩＤ（メイド）と呼ばれます。安楽死合法化直後は難病を患っているような「合理的に死が予見できる場合」に限られていましたが、２０２１年に合理的に死が予見できる場合という制限をなくし、２０２３年３月からは精神疾患を理由に安楽死を認めることが決められました（精神疾患を理由とした安楽死は1年延期され２０２４年３月までに判断されます）。自らの人生の最期を決める安楽死ですが、２０２１年にはカナダ人の死因の３・３％を占めるまで増えています。

ここでは安楽死の是非に触れませんが、安楽死の対象拡大に歯止めがかからない事態になりつつあります。２０２３年２月に連邦議会に設置された特別合同委員会が安楽死に関する報告書を公開し、その中で〝成熟した未成年者〟の安楽死を可能にするべきかどうかの議論を始めることが提言されました。実はオランダやベルギーではすでに未成年者も安楽死が可能になっていますが、カナダでも5年以内に解禁するかどうかの議論を始めることになるようです。

■サティヤ・コバックのケース

安楽死の絶対条件は、その決定が〝本人の意思である〟ことです。

本人に生きる意思があるにもかかわらず、命を奪う行為は殺人と変わりません。２０２２年10月３日、ＡＬＳ（筋萎縮性側索硬化症）を患うサティヤ・コバックは44歳でこの世を去りました。

薬物投与による安楽死を選んだのです。ＡＬＳとは手足・のど・舌の筋肉や呼吸に必要な筋肉がだんだんやせて力がなくなっていく病気です。彼女はＡＬＳの苦しみから解放されるため、安楽死を選びました。しかし、彼女の遺書には悲しい現実が綴られていました。ＡＬＳの病状だけが彼女を苦しめていたわけではなかったのです。

“Ultimately it was not a genetic disease that took me out, it was a system.”
（最終的に私を連れ出した《安楽死の決意をさせた》のは遺伝的な病気ではなくシステムだった）

"I could have had more time if I had more help."
（もっと助けがあれば、私は生きることができたかもしれない）

コバックはＡＬＳの病状が理由で死を決意したわけではないのです。病状ではなく、適切な支援を受けることができなかったことに苦しみ、生きる希望が失われた結果だったのです。自らの人生に幕を閉じることを決意したのはコバック本人ですが、本人の生きる意志を奪ったのは病気ではなく、社会の仕組みだったのです。

■退役カナダ軍人のケース

２０２２年8月16日、『Global News』がとんでもないニュースを報じました。"Veterans Affairs says worker 'inappropriately' discussed medically assisted death with veteran"（退役軍人省、職員が退役軍人と安楽死について〝不適切に〟話し合ったと発表）で、退役カナダ軍人に政府は支援ではなく、安楽死を提案していたという耳を疑うようなことが起きていたことが発覚したのです。

12月までに少なくとも6人の退役軍人が安楽死を勧められていたことが報道され、２０２３

年3月に内部調査で4件の事例を確認したと発表されています。内部調査は安楽死が合法化された2016年以降の退役軍人データベースにあるファイル40万2000件を確認したのですが、安楽死を提案したことが報告書に記載されていない可能性があり、実数はもっと多い可能性があります。

具体的にふたつの事例を紹介します。

1例目は大騒動の引き金になった告発をしたブルース・モンカー。

モンカーは2006年にアフガニスタンでカナダ軍が主導した対タリバン作戦「オペレーション・メドゥーサ」で大けがを負い、脳の5％を失いました。重度の後遺症とPTSD（心的外傷後ストレス障害）が残りましたが、治療によって精神状態は改善されていました。

ところが、治療に関するやりとりをする中で退役軍人省から安楽死が推奨されたのです。本人も家族も、担当ケースワーカーの提案は不愉快で裏切られた気分だったと語っています。

また、『Global News』が複数の関係者に取材をし、実際に安楽死を受け入れた退役軍人がいると報じられています。モンカーは後遺症を理由に死にたいと思ったことはなく、生きる意志がありました。

2例目はクリスティン・ゴーティエ。

カナダ軍に入隊して10年経過した1989年に訓練中の事故で膝・お尻・首・背中に大けが

を負い、車いす生活を余儀なくされてしまいました。

２０１６年にパラリンピックでカヌー競技カナダ代表に選ばれた彼女ですが、自宅内の移動に不便があり、車いす用の設備を自宅に設置してもらえるように5年以上にわたって退役軍人省に交渉していましたが、担当ケースワーカーから安楽死を推奨され、必要な道具を取り揃えるとまで提案されていたのです。事実上、「車いすで不便なら死ね」と言われたのです。

これらふたつの事例に共通しているのは、どちらも生きる意志がある人たちに起きているということ。苦しみ、悩みはあったにせよ、死ぬという選択肢が本人たちにはなかったのです。このような提案をする人がいることから、安楽死に対するハードルが下がっているのではないかと言われています。

死生観は人それぞれですので、とやかく口出しをすることではないかもしれませんが、生きる意志がある人に死を勧めることは、やはりおかしなことに思います。

安楽死は他の人の命を救うことに繋がっている面もあります。『American Journal of Transplantation』で発表された報告によると、２０２１年にカナダ・オランダ・ベルギー・スペインで安楽死を選んだ人のうち２８６人が臓器を提供し、８３７人の命が救われたことがわかっています。安楽死の議論ではこういう一面も考慮しなければならないでしょう。

私がここで指摘したいのが、耐え難い苦痛に苦しむ人々を救う手段として安楽死は提唱されていたはずですが、すでに退役軍人省の例からもわかる通り、気軽に「死ねば」と言えるようになってしまっているのが現実です。

安楽死が普及することで、このような事例が増える可能性は十分にあるでしょう。尊厳死という言葉もありますが、カナダで起きていることは、おかしな方向に進んでいるように思えます。

■キコウヘンドウ詐欺

２０２３年3月、とある著名環境活動家が5年前のツイートを削除したことが話題になりました。

彼女の名前はグレタ・トゥーンベリ。世界で最も有名な環境活動家ではないでしょうか。世界中から多くの環境活動家が、二酸化炭素をどっさり出すプライベートジェットで集結する国連気候変動枠組み条約締約国会議に、ヨットで参加し、共同船長は帰りは飛行機を使って帰国し、乗ってきたヨットをヨーロッパに戻すために、航行チーム数人が飛行機を使うという、何をしたいのかさっぱりわからないことでもおなじみの彼女ですが、ノストラダムスもひっくり返るような大予言をしていたのです。

２０１８年6月21日、彼女はツイッターで〝A top Climate scientist is warning that climate change will wipe out all of humanity unless we stop using fossil fuels over the next five years.〟（気候学者は、５年以内に化石燃料の使用を止めないと、人類が滅亡すると警告している）と投稿しました。

左翼偏向ファクトチェックでおなじみの『Snopes』によると、２０２３年3月7日以降のどこかで削除されたことが確認されています。

本書が発売されるのが２０２３年6月末ですから、それまでに人類が化石燃料を使うのを止めていないようでしたら、ノストラグレタの大予言によると、人類は滅亡することは確定します。もしかしたら本書を読んでいる間に人類が滅亡するかもしれません。

みなさんがこのページに辿り着くことができているかはわかりませんが、人生最期になるかもしれない読書をお楽しみいただけたらと思います。

さて、私が小学生のころ「〝地球温暖化〟が人類存亡に関わる重大な問題だ」と教え込まれてきました。

気づけば、地球温暖化は〝気候変動〟という言葉に変わりました。私はこの気候変動をあえて〝キコウヘンドウ〟と表記しています。詐欺まがいのものであると考えているからです。

気候が変動していることは事実でしょう。ただし、ここ数百年のものではなく、地球が誕生して約46億年間、常に気候は変動し続けています。キコウヘンドウ詐欺と呼んでいるのは、「二酸化炭素などの温室効果ガスが原因で気候変動が起きている」ということに対してです。

私はここ数百年だけを切り取ったキコウヘンドウを信じていません。二酸化炭素の排出を抑えたところで、46億歳の地球大先輩のためになるとは思っていません。根拠は後述します。

キコウヘンドウ対策を叫んでいる活動家のことを「環境正義マン」「キコウヘンドウタイヘンダー」と普段から呼んでいますので、本書でもその呼び方を使います。

カナダには環境正義マンが多くいて、カナダの発展を妨げ、カルト宗教のようになっている感があります。

世界や日本に大きな影響を及ぼしているキコウヘンドウ問題ですが、ジェンダー問題と同じく、左翼リベラルにより利用されていて、本質は社会の変革です。長くなりすぎない程度に、このキコウヘンドウ詐欺に関しても言及していきます。

■1960〜70年代は、地球寒冷化の危機

地球温暖化は気づけば気候変動という言葉に置き換わりました。では、その前はどうだったのか？　メディア報道の歴史を振り返ると、キコウヘンドウのおかしさに気づくかもしれませ

ん。マーク・モラノ著『The Politically Incorrect Guide to Climate Change』で、1960〜70年代の報道がまとめられていますので左ページに並べてみました

いかがでしょうか？　1960〜70年代は、寒冷化の危機を煽る報道だったのです。現在と完全に真逆であり、いかに〝センモンカ〟と呼ばれる人々が信用ならないかがわかると思います。

この時期、アメリカ諜報機関CIAも地球寒冷化を警告するふたつの報告書を1974年8月に発表していました。〝A Study of Climatological Research as It Pertains to Intelligence Problems〟（インテリジェンス問題に関わる気候学的研究の考察）と〝Potential Implications of Trends in World Population, Food Production, and Climate〟（世界人口、食糧生産、気候トレンドがもたらす潜在的な影響）で、地球が1600年から1850年の寒冷期に戻ることで、食糧不足・西側諸国の政情不安が起こることを警告していました。

ところが2008年9月、アメリカ気象学会に〝The Myth of the 1970s Global Cooling Scientific Consensus〟（1970年代の地球寒冷化の科学的コンセンサスという神話）が寄稿され、「1965年から1979年までに発表された査読済み論文で、寒冷化を危惧する科学論文は全体の12％で、科学的コンセンサス（合意）があるとは言えない」と、地球寒冷化でタイヘンダーと騒いでいたことは、CIAの報告書もろとも〝神話〟扱い、そのような主張は陰謀論であるとして片づけられていたのです。

【1960 ～ 70 年代の寒冷化の危機を煽る報道】

1961 年 1 月 30 日　New York Times
“Scientists Agree World is Colder”
科学者は世界寒冷化に同意

1969 年 2 月 23 日　New York Times
“Worrying about a New Ice Age”
新たな氷河期を心配する

1970 年 1 月 11 日　Washington Post
“Colder Winters Held Dawn of New Ice Age”
新氷河期の幕開けを予感させる冬の寒さ

1971 年 10 月 24 日　Los Angeles Times
“New Ice Age Coming-It's Already Getting Colder”
新たな氷河期の到来 - すでに寒冷化している

1972 年 9 月 9 日　Windsor Star
“There's New Ice Age Coming”
新しい氷河期がやってくる

1972 年 9 月 23 日　Christian Science Monitor
“British Climate Scientist Predicts New Ice Age”
イギリスの気候学者が新たな氷河期を予言

1974 年 12 月 5 日　Telegraph
“Air Pollution May Trigger Ice Age, Scientists Feel”
大気汚染が氷河期を引き起こすかもしれない と科学者たちが感じている

1975 年 3 月 1 日　Science News
“Climate Chilling Possibilities”
気候が冷える可能性

1975 年 5 月 31 日　Canberra Times
“The Ice Age Cometh”
氷河期の到来

1978 年 1 月 5 日　New York Tmes
“International Team of Specialists Finds No End in Sight to 30-Year Cooling Trend in Northern Hemisphere”
国際的な専門家チーム、北半球の 30 年にわたる寒冷化トレンドに終わりはないと判断

1978 年 1 月 16 日　Middlesboro Daily News
“Geologist Says Winters Getting Colder”
地質学者「冬はより寒くなる」

この発表に対して異を唱えているのがケネス・リチャードです。リチャードは2016年9月13日ウェブサイト『NoTricksZone』に問題点を指摘する記事を投稿。そもそも、2008年に発表された独自調査に欠陥があると主張しています。

2008年研究では、1965年から1979年に「〝将来〟の気温低下」「氷河期が切迫している」としている研究論文のみを氷河期を警告していた研究とみなすとしています。

リチャードは「すでに気温の低下が始まっている」「二酸化炭素が気候に及ぼす影響を疑問視している」論文が対象外にされていることを指摘。2008年論文は71研究中7研究だけが地球寒冷化に同意しているとされていますが、リチャードの指摘通りに対象を拡大すると、264研究に膨れ上がります。そのうちの220研究（83・3％）が、地球寒冷化・二酸化炭素が気候に影響を及ぼすか疑問としている研究であり、二酸化炭素（人間活動）が原因で地球温暖化が起きているとする研究はたったの44研究（16・7％）でした。

数字遊びは詐欺の常套手段ですが、研究における数字遊びは真実の追求ではなく、答えを決めた上で、情報をチェリーピックしている詐欺行為に思えます。

「数字は嘘をつかないが、嘘つきは数字を使う」と言われるように、数字は説得力がある分、見方・見せ方で印象は大きく変わることを念頭にセンモンカの意見は聞かなければなりません。

また、2008年研究が意図的なチェリーピックしたデータを基に「寒冷化を騒いでいたのは神話」と、悪意のある歴史修正しようとしていたことも見逃してはならないことです。

■温暖化も寒冷化も対策は同じ

キコウヘンドウの諸悪の根源は温室効果ガスだと言われていて、排出量削減、炭素税の導入、社会の変革などが叫ばれています。では、地球寒冷化が危惧されていた当時、どのような対策が提唱されていたのでしょうか。実は温暖化対策と〝まったく同じ対策〟が言われていたのです。

１９７７年発刊の『The Weather Conspiracy : The coming of the New Ice Age』（天気の陰謀　新氷河期の到来）で、氷河期到来に備えた様々な対策が示されています。

①代替エネルギーへの依存度を高め、石油などの炭素を含む燃料を大量に使用しない
②たとえ不便であっても、あらゆる生活面でエネルギー効率の良い方法を採用する
③非効率的な活動や汚染行為には罰則付きの税金を課し、その抑制に努める
④米国などの先進国から第三世界（途上国）へ資金を流す
⑤すべての環境保護活動を受け入れる

ざっくりまとめて、このようなことが推奨されていました。

現在世界で叫ばれている環境対策に照らし合わせてみると、①と②は再生可能エネルギーの推進ですし、③は炭素税の導入、④は国連主導で行われていて、⑤は窒素肥料削減、「15分都市」構想の検討、ガスコンロの禁止、無法状態の活動家が世界で行っています。世界的な名画に塗料をぶちまけ、接着剤で手を固定するパフォーマンスが頻発していたのを覚えている方も多いのではないでしょうか（接着剤も原油から作られているんですけどね）。

地球寒冷化の危機が迫っていると煽られていた当時と、地球温暖化を食い止めなければ南極大陸以外で人類は生活できなくなる緊急事態に陥っていると言われる今と、まったく同じことが提唱されているのです。

■カナダの炭素税の嘘

カナダでは炭素税がすでに導入されていて、執筆中の2023年4月1日また上がりました。炭素税の増税をトルドー政権は「炭素税の引き上げによる生活コストの上昇は、連邦政府からの還付金が上回り、平均的な家庭は炭素税の恩恵を受けることができる」と説明し続けていました。

ところが、議会予算担当官の報告書で、炭素税増税に伴う燃料価格の上昇や、それに伴う食品価格等の上昇は、ほとんどの家庭で連邦政府還付金を上回ることが明らかにされました。つまり、トルドー政権は嘘をついたのです。

たとえば、ノバスコシア州では、低所得者層は２０３０年までに、約2万２６００円の還付金を受け取ることができると試算された一方、高所得者層は最高で約43万円を支払うことになります（1カナダドル＝１００円で計算）。

カナダ全土平均で約15万円の負担増で、ほとんどの家庭は恩恵を受けることはできません。アルバータ州では平均で約27万円の負担増と試算されていて、カナダ全土の平均と比べて倍近くの違いがあります。

「平均的な家庭は炭素税の恩恵を受けることができる」という従来の説明とまったく違うことに対し、環境・気候変動担当大臣のスティーブン・ギルボーは「平均家庭であれば、確かに負担は増えるが、（多く）支払うのは富裕層であり、それこそが制度の設計通りである」と4月2日のインタビューで答えています。

このコメントのおかしな点にお気づきでしょうか？

炭素税の導入は、温室効果ガスの排出を減らし、キコウヘンドウから世界を救うためのツールではなかったのでしょうか。ギルボー大臣の言い分は、金持ちの資産を吸い上げ、配分する

カナダの環境・気候変動担当大臣のスティーブン・ギルボー。写真：AP/ アフロ
2001 年、当時グリーンピースの活動家だったギルボーは「気候変動への意識を高めるため」という目的でトロントの CN タワーを登り、逮捕された。写真：ロイター / アフロ

ためのものであるというものです。

まるで社会構造を変えるためのツールであり、環境保全のためのツールではないように思えます。そして、これこそがキコウヘンドウタイヘンダーの真の目的なのですね。

■グリーン・ニューディールの正体

第3章はカナダの話を中心にしていますが、キコウヘンドウタイヘンダーの正体がわかる例としてアメリカ民主党の動きを紹介します。

２０１７年2月7日、極左議員として名高い民主党アレキサンドリア・オカシオ＝コルテス（通称ＡＯＣ）が中心となり、１０１人の議員団が下院議会に決議案"Recognizing the duty of the Federal Government to create a

Green New Deal"（グリーン・ニューディールを創設する連邦政府の義務の認識）を提出しました。フランクリン・ルーズベルト大統領のニューディール政策が名前の由来になっているもので、名前にグリーンがついていることからわかる通り、環境に関する決議案……かと思いきや、違います。内容を簡単にまとめてみましょう。

「国連の報告により、地球の平均気温が2℃以上上昇すると、大量の難民発生、50兆円の経済損失、山火事が倍の規模になり、99％のサンゴが死滅するなどして、とにかく地球環境が大変だ」

「白人家庭の平均所得は黒人家庭の20倍あり、女性の職は男性の80％しかない」

「キコウヘンドウは先住民族、有色人種、移民、女性などの構造的差別、地方・社会・環境・経済的不公平を悪化させている」

「10年以内に化石燃料から再生可能エネルギーに転換をするため、ルーズベルト政権のように、政府が積極的介入をするべき」

アレクサンドリア・オカシオ＝コルテス。写真：ロイター／アフロ

地球環境のことを危惧する決議案かと思いきや、環境問題とまったく関係のない社会構造の問題点を指摘するものだったのです。

ＡＯＣの主席補佐官サイカ・チャカルバルティは「グリーンニューディールの面白い点は、本来は気候に関するものではまったくなく、〝どうやって経済構造全体を変えるか〟というものだった」と、温暖化から世界を救うためのアメリカの責任を果たすものではなく、キコウヘンドウを利用して社会の変革という目的を達成しようとしていることを認めているのです。

キコウヘンドウはあくまでも建前であり、その本質は社会主義・共産主義思想を浸透させる、〝革命〟のようなものなのです。

約９３００兆円の予算確保が必要とされていることからわかる通り、莫大なカネが絡みます。単純に利権に群がる欲の塊のような醜い連中がいることは間違いありませんが、その奥には左翼による社会変革が隠れているのです。

■97％の科学者の合意

バイデン政権の気候変動問題担当大統領特使だったジョン・ケリー元国務長官は２０１４年に「97％の世界の科学者は気候変動が緊急を要するものであることに合意している」と発言。ＣＮＮやＣＢＳニュースも同様の内容の報道をしています。

この〝97％〟という数字はどこから来たものなのか。

２０１３年5月15日にオーストラリアのジョン・クック博士らが発表した〝Quantifying the consensus on anthropogenic global warming in the scientific literature〟（科学文献における人為的な地球温暖化に関するコンセンサスの定量化）が〝97％〟の根拠です。

この研究は〝気候変動〟〝地球温暖化〟のキーワードで１９９１年から２０１１年の間に発表された研究論文を検索し、１万１９４４件の査読済み文献を抽出、地球温暖化が人間の活動が原因であるという主張の研究がどれだけあるかを調査。その後、抽出した論文執筆者に地球温暖化が人間の活動が原因かどうかの聞き取り調査をしました。

【97％のからくり】

Table 3. Abstract ratings for each level of endorsement, shown as percentage and total number of papers.

Position	% of all abstracts	% among abstracts with AGW position (%)	% of all authors	% among authors with AGW position (%)
Endorse AGW	32.6% (3896)	97.1	34.8% (10 188)	98.4
No AGW position	66.4% (7930)	—	64.6% (18 930)	—
Reject AGW	0.7% (78)	1.9	0.4% (124)	1.2
Uncertain on AGW	0.3% (40)	1.0	0.2% (44)	0.4

中立込みの数字　　中立を除いた数字

Table 4. Self-ratings for each level of endorsement, shown as percentage and total number of papers.

Position	% of all papers	% among papers with AGW position (%)	% of respondents	% among respondents with AGW position (%)
Endorse AGW[a]	62.7% (1342)	97.2	62.7% (746)	96.4
No AGW position[b]	35.5% (761)	—	34.9% (415)	—
Reject AGW[c]	1.8% (39)	2.8	2.4% (28)	3.6

[a] Self-rated papers that endorse AGW have an average endorsement rating less than 4 (1 = explicit endorsement with quantification, 7 = explicit rejection with quantification).
[b] Undecided self-rated papers have an average rating equal to 4.
[c] Rejection self-rated papers have an average rating greater than 4.

出典：https://iopscience.iop.org/article/10.1088/1748-9326/8/2/024024/pdf

まず、論文の分析結果ですが、地球温暖化は人間の活動が原因であることを支持する論文は32・6％、否定する論文は0・7％でした。特に結論を出していない中立が66・4％、原因不明と結論付けているものが0・3％という結果でした。

この時点で頭の中が「？？？」だらけだと思います。「97％はどこへ行った？」と思うでしょう。そのからくりは、中立意見の排除です。クック博士らは、66・4％の大半を占める中立意見の論文を除外、地球温暖化は人間が原因であるという考えを支持・否定・原因不明としている論文のみを対象にして数字を出していたのです。分母は一気に減りますので、その結果「97・1％の論文が地球温暖化は人間の活動が原因であると指摘している」という結論が生まれたのです。

また、1万1944論文の執筆者2万9083人のうち、論文にメールアドレスが記載されていた8547人に聞き取り調査も実施。

1189人が返答し、この1189人が執筆した2142論文を分析したところ、62・7%が地球温暖化は人間由来であることを支持、1・8%が否定、35・5%は中立と回答しました。またもや97%からほど遠い数字ですが、中立を除外し、「97・2%の研究論文は地球温暖化が人間由来である意見である」という結論を生み出しました。研究というより、結論ありきで数字遊びをしているようにしか思えません。

コロナ禍で学んだ、「科学は政治で変わる」ということは、コロナ以前から起きていたことのようです。

■ジョーン・ラスタッドの除名

ブリティッシュコロンビア州はカナダ国内でも左傾化の激しい州であると言われていて、その象徴になっているのが州議会議員のパワーバランスです。

ブリティッシュコロンビア州の州議会は主に3政党で構成されていました。第1政党は「新民主党（NDP）」で社会主義政党と呼ばれる極左の巣窟です。

第2政党は「自由党（リベラル党）」で、中道左派と言われますが、近年では左傾化が激しく新民主党と違いがよくわからなくなっています。第3政党は「緑の党」、名前の通り、環境正義マンの集まる政党です。3政党すべてが左翼政党という、保守的な思想を持つ人には地獄のような場所です。

２０２３年2月、44年ぶりにこの勢力図に変化が起きました。１９７９年以降、1議席も獲得できていなかった保守党に州政府閣僚経験もあるベテラン自由党議員ジョーン・ラスタッドが加入することが発表されたのです。

ラスタッドは２０２２年8月に自由党から除名処分を受け、半年ほど無所属議員として活動した後に保守党に加入したのですが、ラスタッドの除名は左翼の問題点を如実に表しているものでした。

ラスタッドが除名処分を受けた理由は、二酸化炭素が原因のキコウヘンドウに疑問をツイッターで投げかけたこと。世界で最も有名な環境保護団体「グリーンピース」の創設者の一人パトリック・ムーアの投稿をリツイートしました。

グリーンピースは日本では捕鯨活動に反対する過激な団体というイメージが強いのではないでしょうか。

ムーアの投稿の内容はオーストラリアの環境に関するもので、世界の二酸化炭素排出は増加し続けているにもかかわらず、オーストラリアで異常な気温増加はなく、消滅すると騒がれていたグレートバリアリーフは過去最大の規模に拡大しているという、キコウヘンドウタイヘンダーにとって都合の悪い事実に関するものでした。

ラスタッドは「化石燃料の使用削減や窒素肥料の制限をすることで、住居費の上昇、エネルギー価格の上昇、食料品価格の上昇など、市民の生活に悪影響を与えている。—中略—このオーストラリアの情報を目にしたとき、議論の必要性があるものであると思った」とインタビューで答えています。

市民生活に悪影響を及ぼす温室効果ガス削減が、実は意味がなく、ただ単に自分たちの手で自分たちの生活を自己満足のために苦しくしている可能性があるため、一度立ち止まり、本当に環境政策が正しいのかを振り返るべきということです。

また、「かつての自由党（リベラル党）は言論の自由があり、投票の自由があった。〝大きなテント〟の下、違った考えや価値観を持つことも許されていた。今の左翼政党は、環境活動家と連携をしていて、彼らの票を失うことを恐れているのだろう」と語りました。

人々の声に耳を傾けなければならないはずの政治家たちが、身内の声すら聞こうとしていない。それどころか、言い返すことができない自分たちの矛盾点を指摘されたことに腹を立て、権力で踏みつぶしたのです。

ラスタッドを追い出した「リベラル党」のリベラルとは、自由で多様性に富む考えを指し示すはずです。近年のリベラルは、自分たちの許すことのできる範囲内の自由で活動し、ラスタッドのように外側にいる人物は敵とみなし徹底排除、領域内ではモラルも秩序もないことをしている、自由をはき違えている人が増えているように思います。

ベテラン有力議員だったラスタッドの追放騒動は、まさに現代のリベラル左翼の問題そのものですね。

■キコウヘンドウを煽るのに使われた物語の今

①ホッキョクグマ物語

地球温暖化の象徴として使われたのがやせ衰えたホッキョクグマの写真でした。地球温暖化の影響で北極圏のホッキョクグマの生活場所・餌が減ることで、絶滅する可能性があると言われていました。

1950～60年代、アメリカ魚類野生生物局の推計でホッキョクグマの数は5000～1万頭ほどだと報告されていました。ところが、2016年国際自然保護連合の調査で、ホッキョクグマは2万2000~3万1000頭ほどにまで増え、過去50年間で最高に達していることが明らかになっています。

2015年に実施された調査では「ブタのように太った個体」も確認されていて、気づけば地球温暖化を煽るマスコットとして使われなくなりました。

動物学者のスーザン・クロックフォード博士は「ホッキョクグマは今よりもずっと気温の高かった1万年前も生き延びてきた」と指摘していて、人類が大騒ぎしている中、ホッキョクグマさんたちはいつも通りアザラシを追いかけていたようです。

②南極大陸物語

2004年イギリス政府チーフサイエンティストのデービッド・キングは「南極大陸は人類が生きていくことができる唯一の場所になるだろう」と予言。今でも南極大陸で生きていくことのほうが難しいです。

地球温暖化がとんでもないことになっているはずの2012年から2014年、南極大陸の海氷は過去最高を記録。一方で、南極大陸西部の氷河が融けていることが観測されていましたが、2014年の報告で火山の影響であることが発表され、2017年には新たに南極大陸の氷の下に91の火山が発見されたことが報告されています。

南極大陸の氷が融けることで、海面水位が上昇し、大都市が水没すると言われていますが、我々が生きているうちに見ることができるのでしょうか。1901年に「ヨーロッパ、アジア、北アメリカ大陸の低い土地は水没する」と報じられていたようですが、100年以上経過した今でも、我々は地上で生活をすることができています。

③北極圏物語

南極大陸と同じで北極圏やグリーンランドの氷もなくなると言われています。地球の天然の冷却システムがなくなることになるため、温暖化に拍車がかかるとも言われています。

1922年11月2日の『ワシントン・ポスト』が“Arctic Ocean Getting Warm: Seals Vanish and Icebergs Melt”（北極海の温暖化：アザラシが消え、氷山が溶ける）と報じているように、100年以上前から北極の温暖化でアザラシが生息できなくなり、氷がなくなることが訴えられていました。

北極圏は1970年後半から衛星による観測が続けられていますが、2012年8月27日『AP通信』は“WARM ARCTIC SETS RECORD FOR SUMMER SEA ICE MELT”（温暖な北極圏で夏の海氷融解量が過去最高を記録）で、北極海の海氷面積が観測開始以降過去最少の409万㎦を記録し、過去最少だった2007年の417万㎦よりも北極圏の氷が融けていることを報じ、地球温暖化の早期対策を呼びかけました。

確かに北極圏で異常なことが起きていたようですが、先述しましたが２０１２年から２０１４年に反対にある南極大陸の海氷面積は過去最高を記録しています。２００７年、２０１２年にＮＡＳＡ（アメリカ航空宇宙局）は、北極圏の氷が一時的に異常に融けた原因は「高気圧、異常な風・波の高さや北極低気圧が原因で、暖かい南部方向に氷が流出したことが原因である」と報告しています。

つまり、二酸化炭素が問題なのではなく、北極圏周辺の気候に変化があっただけなのです。地球はロボットではありませんので、多少の変化があって当然でしょう。また、マーク・モラノは衛星による観測が始まったタイミングにも注目すべきだと指摘しています。衛星観測が始まったときは地球寒冷化が叫ばれていた１９７０年代後半、寒冷40年周期の終わりだったのです。つまり、衛星観測が始まった当時がピークであり、そこから減るのは自然であるとモラノは指摘しています。

④沈没国家物語

太平洋に浮かぶ小さな島で構成されるミクロネシア連邦やツバル、キリバスなどは地球温暖化の影響で海面水位が上昇し、やがて海に飲み込まれていくと聞かされていました。

２０１０年、オークランド大学准教授ポール・ケンチらの研究結果がこの沈没国家物語を否定しました。“The dynamic response of reef islands to sea-level rise: Evidence from multi-decadal analysis of island change in the Central Pacific”（海面上昇に対するサンゴ礁の島の強力な返答：中央太平洋の島の変化に関する数十年単位の解析から得られた証拠）で、ツバル、キリバス、ミクロネシア連邦の27の環礁諸島の過去19年から61年間の航空写真・衛星写真を基に、面積の増減を調査しました。

沈没していくと言われているため、当然面積は減っていくと思われていましたが、面積が減っていたのはたったの14％。43％は増減なしで、残りの43％はむしろ面積が大きくなっていたという結果だったのです。20～30％拡大している島も確認されています。

研究対象はサイズ・構造・分布する島の数・サイクロンの影響など、異なる条件の環礁諸島が選ばれていました。島の海抜が低いため、サンゴの死骸や堆積物が溜まりやすいことが要因だと言われています。ケンチ准教授はオーストラリア『ＡＢＣニュース』の取材に「気候変動の危険がないとは言えない」と前置きをした上で「１００年先もこれらの島々の物理的な基礎は残る証拠になった」と話しています。

他にもありますが、長くなりすぎるのでここで止めておきたいと思います。マーク・モラノ著『Green Fraud』（環境詐欺）で、「異常気象や自然災害が増えているように思えるが、実際に異常気象や自然災害が増えているわけではなく、SNSの発達により、〝目にする機会〟が増えただけである」と指摘しています。ニュースでは山火事・洪水・サイクロン・ハリケーン・台風の被害が強調されていますが、実は過去と大きな変化は起きていないのです。

今まで見えていなかったものが見えるようになっただけであり、地球大先輩は46億年前から変わらず、通常運行をしているだけなのかもしれません。そこに利権・自己満足のための環境正義マン活動をしたがる活動家たちが騒ぎ立てているのでしょう。

前述したように環境保護活動団体グリーンピースはカナダでパトリック・ムーアらが創設しました。ところが、ムーアは1986年にグリーンピースを脱退する決意を固めます。

理由は政治的な非科学的活動で、金儲けを目的とした活動をするようになっていたからです。組織の活動を決める取締役は6人いて、科学専門知識を持っていたのはムーアだけ。残りの5人は単なる環境活動家だったのです。その科学知識のない5人により金儲けのために「グリーンピースは塩素を禁止する活動を世界でする」ことが決められました。

ムーアは塩素ガスは科学兵器として使われるほど危険なものだが、塩素は人類になくてはならない存在であると指摘。飲み水やプールの殺菌に使われることで公衆衛生が改善され、85％の薬は塩素由来の物質が使われ、25％の薬には塩素が使われています。現実的でないですし、禁止するメリットがないのです。世界的に影響力を持つ団体が、人類のためではなく、金儲けに走っているのは明らかですね。

■気候変動の緊急事態は存在しない……と科学者たちが宣言

2022年8月、世界中の科学者約1100人（現在は1500人）が「気候変動の緊急事態は存在しない」という共同宣言を出しました。

1850年ころに小氷期が終わったことで、いま気温上昇が起きているのは自然なことであり、国連機関の予測を遥かに下回る速度の温暖化であり、温室効果の誇張がされ、二酸化炭素が有益なことが無視されている。二酸化炭素は植物の栄養であり、世界の食料不足を解決するのに欠かせない。二酸化炭素により自然災害が増えているわけでない。気候変動の緊急事態は存在しないため、脱炭素ネットゼロ政策に反対する——というものです。このような内容の宣言が世界の科学者1500人以上による共同宣言で出されているのです。

二酸化炭素を大量排出するプライベートジェットを乗り回し、沈没するはずの海岸線に豪邸を建て、優雅な生活を送る政治家や活動家、センモンカの「キコウヘンドウが大変だから、車に乗るな、飛行機乗るな、プラスチックを減らせ、肉を食うな、コオロギ食え、うじ虫食え」という意見を信じるべきか、現実に沿った意見を言う専門知識のある専門家の意見を聞くべきか、どちらが正しいかは落ち着いて考えればわかりますよね。

■極左活動家集団「国際連合」〜本性を現した衝撃的な報告書〜

２０２３年3月8日、国連機関のひとつ「国連合同エイズ計画」はとある報告書をウェブに掲載しました。タイトルは"The 8 March Principles for a Human Rights-Based Approach to Criminal Law Proscribing Conduct Associated with Sex, Reproduction, Drug Use, HIV, Homelessness and Poverty"（性行為、生殖、薬物使用、ＨＩＶ、ホームレス、貧困に関連する行為を規定する刑法への人権に基づくアプローチのための3月8日原則）です。

主にＮＧＯ団体の国際法律家委員会が作成したものですが、国連合同エイズ計画、国連人権高等弁務官事務所と共同で人権の観点から刑法の在り方を検証した報告書で、２０１８年から約5年かけてセンモンカという名の活動家の意見を集約しました。

32ページの報告書は刑法の定義から始まります。

「刑法は、他人の基本的な権利・自由・特定の基本的な公共の利益、つまり、国家の安全、公共の安全、公の秩序、公衆衛生または公衆道徳に実質的な損害を与えた、またはそのおそれがある行為のみを禁止することができる」「これらの理由で正当化される刑法の措置は、狭く解釈されなければならず、国によるこれらの理由の主張は、継続的に精査されなければならない」

いたってまともなことが書かれています。ところがページをめくる毎に、暴走列車の如くレールを外れ、左方向に突っ走っていきます。

【未成年者と成人の性行為に刑事罰を科すべきではない】

一般的に未成年者と成人の性行為は禁止、制限されている国がほとんどです。性的同意年齢といって、ある一定の年齢に達していない場合、性行為に同意する適切な判断能力が備わっていないとする基準が設けられています。

日本は刑法で13歳、各都道府県の青少年保護育成条例では18歳、と少し複雑ですが違った年齢設定がされています。カナダでは16歳、メキシコは17歳、アメリカは州によって異なりますが16〜18歳。

これらの年齢に達していない場合、性行為をした成人は刑事罰を科せられることになるのですが、報告書では刑事罰を科すべきではないと主張しています。つまり、未成年者との性行為を合法化するべきということであり、極端な言葉を使うと「国連は小児性愛の合法化を呼びかけた」という批判が出ています。

合法化すべき理由を「国内規定以下の者（＝性的同意年齢を下回る子ども）を対象とした性行為は、法律上はともかく、事実上合意している場合がある。18歳未満の人の同意に基づく行為を決定する権利と能力を反映すべきで、年齢、成熟度合そして、最善の利益を十分に考慮し、差別のない保障に留意するべきである」と説明しています。

子どもと一言でいっても。十人十色、成長速度はまったく違います。

当然、大人顔負けの責任感・ふるまいをする子どももいるわけで、そのような子たちの性行為をする権利を、年齢を理由に制限するのは人権侵害であり差別である。ということを言っているのです。

真っ当なことを言っているように見えますが、大問題があります。〝誰が、どのように、どのような基準で成熟具合を判断するのか〟ということです。

暴走した過激ＬＧＢＴ活動家は「1～2歳でジェンダーを認識する」と言っています。「子どもは10歳で成熟している。だから性行為しても問題ない」と言い出すかもしれません。

ここまで紹介してきた通り、左翼は子どもたちに狙いを定めています。その左翼勢力の後押しを国連関連機関がしているという現実があります。

【中絶に刑法を適用すべきでない】

報告書には「中絶に刑法を適用すべきでない」ということも書かれています。合法化するべきとストレートには言及していませんが、同じことです。中絶を禁止する方法として、中絶をした母に刑事罰が科せられる場合と、施術をした医師が罰せられるケースがあります。医師免許の剝奪、禁錮刑、罰金、方法はどうあれ、刑事罰が科せられるわけですが、それをするべきでないと言っているということは、「合法化するべき」と言っているのと変わりません。中絶も左翼が女性の権利として叫んでいる権利のひとつ。女性の権利の根底には「母体の中にいる胎児は人間ではない」という前提があります。

人間ではなく〝母体の一部〟という考えで、からだの一部をどうしようが母体の自由。つまり、からだの一部を長期間体内に残した後に外に出して出産するのか、からだの一部を摘出・処理をする中絶をするのかを選ぶのは〝女性の権利〟だということです。

母体の中の胎児を人間と考える人からすると、中絶はかけがえのない命を奪う殺人行為と変わりません。中絶賛成派と反対派の間に、このような認識の大きな隔たりがあります。報告書は「中絶は殺人行為ではない」としているので、左翼が激押ししている考えと同じ認識でいることがわかります。

【ジェンダー・アファーミング・ケアの規制に反対】

アメリカではレッドステート（共和党優位の保守州）で、未成年に対するジェンダー・アファーミング・ケアを禁止する法案が成立している州が増えています。

州によって規定は色々ですが、基本的にはジェンダー・アファーミング・ケアを未成年に実施した医者に刑事罰が科せられるようになっています。未成年のときにジェンダー・アファーミング・ケアを受けた後、賠償を求める権利も保障しています。

報告書ではこのようなジェンダー・アファーミング・ケアの規制に反対、刑事罰の対象から外すべきであると提言しています。先述の通り、ヨーロッパでは未成年に対するジェンダー・アファーミング・ケアの規制強化・禁止の動きが加速していますから、国連は逆行する左翼に賛同しているということになりますね。

【薬物は合法化するべき】

個人的に最も目を疑った内容が薬物合法化の提言です。報告書には「薬物の使用、所有、購入、人使用目的の栽培は未成年者・妊婦を含め、合法化するべき」「器具・道具の所持、配布は合法化するべき」と書かれています。

未成年者も合法化の対象にすべきというものなのです。さらにセーフインジェクションサイトの推進も提言されています。こんなことをする国がある訳がない、と思いましたが、私の住むカナダがすでにやっていました……。

この報告書はアメリカの議会で問題視され、マルコ・ルビオ連邦上院議員（共和党）を中心にして、アメリカの国連大使リンダ・トーマス＝グリーンフィールドに非難声明を出すように呼びかけられています。報告書の根幹にあるのは〝人権の尊重〟です。人として生きる権利を最大限に発揮するため、人権保護の観点から刑法を見たものですが、果たしてこの報告書通りに世の中が変わった場合、それは正しい世界なのでしょうか。

何をもって〝正しい〟と考えるかは人それぞれですが、この報告書の冒頭にもあったように〝他人の基本的な権利・自由〟〝国家・社会の安全〟を保護することはできるのでしょうか。左翼は手を変え品を変え〝権利〟を主張します。権利を求めることが目的ではなく、権利を求めることを利用して社会構造の変革を目指します。

今は子どもたちが左翼の標的にされていますが、世界の平和のために存在すると思われている国連関連機関が加担していることはどれだけ知られているのでしょうか。コロナ騒動で世界経済フォーラムが提唱する〝グレートリセット〟という言葉をよく耳にするようになりましたが、リセットするべきは我々一般庶民の生活ではなく、このようにレールを外れ脱線しても暴走が止まらないような国連関連機関のほうですよね。

第4章

フリーダムコンボイ

失うことで学んだ〝自由〟の大切さ

■すべてを変えたコロナ騒動

実はこの第4章が本書でもっとも伝えたいことをまとめている章かもしれません。2020年から約3年以上続いたコロナ騒動で学んだこと、カナダという国に住んでいたからこそ体感できたことをお伝えしたいと思います。

「フリーダムコンボイ」という、カナダ史上最大規模の大規模抗議活動が2022年1月～2月にかけ、その後の散発的なものも含めると夏まで行われました。

私自身もこの運動に参加し、その経験の中で大きく分けてふたつのことを学びました。ひとつ目はプロローグでも書きましたが、〝**自由の大切さ**〟です。そして、もうひとつが、〝**如何なる理由であれ、国に絶大な権限を与えてはならない**〟ことです。

まず大前提としてお伝えすると、私はコロナワクチンを打っていません。

コロナ禍で世界各国はロックダウンという前例のない対応をしました。国境の封鎖だけでなく、飲食店や娯楽店の制限、閉店。マスク、ソーシャルディスタンス、消毒、検温。あらゆる面で社会が変わりました。

コロナ禍初期、日本では憲法改正で「緊急事態条項」を日本国憲法に盛り込むべきではないかという意見が多く出ました。理由は、日本でも強制力を持ったロックダウンをできるように

フリーダムコンボイの様子。撮影：やまたつ

するためです。

私も当初ロックダウンは効果があるように思えたので賛同していました。

ところが、3年の時間が経過し、あの当時の私は間違っていたと気づかされました。日本の報道でどのようなことが報じられているかはわかりませんが「ロックダウンは逆効果だった」という報道や研究結果が次々と出ています。日本語記事では少ないかもしれませんが、英語で検索すると山のように出てきます。

この第4章ではコロナ禍で私がカナダで実際に経験したことを紹介します。憲法改正が本当に必要なのか、自民党案に問題はないのかどうか。日本から見た日本ではなく、外から見た日本の視点で考える一助になればと思います。

■自民党憲法改正草案とは

まず憲法改正に関して、私の立場を明確にしておく必要があると思います。現在の自民党案がそのまま提出されるのであれば、反対です。たとえば、第3条に追加される国旗や国歌に関する規定を盛り込みことや、第9条で自衛隊を明記することは重要なことであると思います。

一方で、私が危険であると思っているのが、新設される「第9章緊急事態」です。「緊急事態条項」と呼ばれますが、第98条1項〜4項、99条1項〜4項まであります（171ページ参照）。外部からの武力攻撃や大規模な自然災害の場合に必要なことであることはわかりますが、「内乱等による社会秩序の混乱」や「その他の法律で定める緊急事態」という、曖昧な表現は非常に危険であると思っています。

私はカナダでトルドー政権の横暴を目の当たりにし、私自身がトルドー政権の攻撃対象でした。だからこそ、日本では決して経験できなかったことから言えるのが、**〝政府は常に国民の味方ではない〟**ということです。憲法改正することで政府に**〝あなたが〟**付与する権限が、**〝あなたを〟**対象に悪意を持って使われることも考えておく必要があります。

第2項に「国会の承認を得なければならない」という規定があり、政府が暴走しないように国会による監視体制が整っているという指摘がありますが、それもカナダで起きたことを知っ

第九章 緊急事態（自由民主党 日本国憲法改正草案）

（緊急事態の宣言）

第九十八条 内閣総理大臣は、我が国に対する外部からの武力攻撃、内乱等による社会秩序の混乱、地震等による大規模な自然災害その他の法律で定める緊急事態において、特に必要があると認めるときは、法律の定めるところにより、閣議にかけて、緊急事態の宣言を発することができる。
2 緊急事態の宣言は、法律の定めるところにより、事前又は事後に国会の承認を得なければならない。
3 内閣総理大臣は、前項の場合において不承認の議決があったとき、国会が緊急事態の宣言を解除すべき旨を議決したとき、又は事態の推移により当該宣言を継続する必要がないと認めるときは、法律の定めるところにより、閣議にかけて、当該宣言を速やかに解除しなければならない。また、百日を超えて緊急事態の宣言を継続しようとするときは、百日を超えるごとに、事前に国会の承認を得なければならない。
4 第二項及び前項後段の国会の承認については、第六十条第二項の規定を準用する。この場合において、同項中「三十日以内」とあるのは、「五日以内」と読み替えるものとする。

（緊急事態の宣言の効果）

第九十九条 緊急事態の宣言が発せられたときは、法律の定めるところにより、内閣は法律と同一の効力を有する政令を制定することができるほか、内閣総理大臣は財政上必要な支出その他の処分を行い、地方自治体の長に対して必要な指示をすることができる。
2 前項の政令の制定及び処分については、法律の定めるところにより、事後に国会の承認を得なければならない。
3 緊急事態の宣言が発せられた場合には、何人も、法律の定めるところにより、当該宣言に係る事態において国民の生命、身体及び財産を守るために行われる措置に関して発せられる国その他公の機関の指示に従わなければならない。この場合においても、第十四条、第十八条、第十九条、第二十一条その他の基本的人権に関する規定は、最大限に尊重されなければならない。
4 緊急事態の宣言が発せられた場合においては、法律の定めるところにより、その宣言が効力を有する期間、衆議院は解散されないものとし、両議院の議員の任期及びその選挙期日の特例を設けることができる。

出典：https://storage.jimin.jp/pdf/news/policy/130250_1.pdf

ていただくと、そんな規定は何の役にも立たないものであることがわかります。

ごく一部の議員を除き、日本には多くの売国議員がいることはみなさまご存知の通りと思います。昼寝をしている役立たずの税金泥棒だけならまだマシですが、日本の国益ではなく、自国よりも他国の利益優先や、どうでもいい週刊誌ネタをこねくり返すだけの議員が多くいます。そのような議員が、本当に国民のことを考えた判断をするのでしょうか。

本当に政府の抑止になるのでしょうか。自身が所属している政党の意向に歯向かうことができるのでしょうか。そのような〝強さ〟のある議員が多いのであれば、今の日本はもう少し違っていると思います。何より、5月に入りLGBT法案成立を強行した自民党上層部を見れば、ロクでもない政党であることは間違いないでしょう。国民・国益第一ではなく、外国の顔色を優先するような政党です。

世界の90％以上の国の憲法は緊急事態条項を持っていますが、だからと言ってそれが正しいことなのか。カナダで起きたことを参考に考えていただきたいと思います。

■フリーダムコンボイの始まり

2022年2月14日は、カナダの歴史に残る重要な日でした。私はカナダが中華人民共和国カナダ省になった日と呼んでいますが、それまで没落していたカナダの保守勢力が蘇った瞬間でもありました。順を追って紹介していきます。

コロナワクチンが感染拡大を防ぐことができると信じられていたころ、多くの国が今まで通りの日常生活を送るのにコロナワクチン接種の義務付けや接種証明提示を義務付けました。通称ワクチンパスポートと呼ばれるものですね。

連邦政府職員や医療関係者はワクチン接種が義務付けられ、2回接種していないと解雇されました。カナダの連邦政府職員にはなぜか3回目接種は強制されず、やるならとことんやれよと思いましたが。

私は幸いにもユーチューバーとして活動していたので、ワクチン接種をしていないことで職を失うリスクはありませんでしたが、それでも日常生活に制限は加えられました。州によって異なりますが、私はレストランの店内飲食ができなくなり、映画館や室内運動施設を使用することはできませんでした。趣味でテニスをするのですが、日本人チームとカナダ人チームの交流戦を室内テニスコートですることになった時、私だけ参加することができませんでした。

バンクーバーは〝レインクーバー〟と呼ばれるほど冬場は雨が多く、冬の時期はインドアテニスがメインになるのですが、何度もテニスのお誘いをお断りしなければなりませんでした。ちなみにサーバー（料理を運んだりする人）のいるレストランはワクチン接種者でなければ使用できないのに、カフェやフードコートは店内飲食できるという意味不明なルールでした。レストランのワクチン接種は客のみで、従業員は対象外。ブリティッシュコロンビア州の説明では「飲食店でのクラスターが多い」と説明していましたが、常に店内にいる従業員は勤務中は無敵モードということなのでしょうか。

ブリティッシュコロンビア州だけで３３２５人の医療従事者が解雇されていて、その結果深刻な人手不足が発生。地方の救急病棟が閉鎖され、産婦人科病棟の閉鎖もありました。看護師不足の対応として、ＰＣＲ検査で陽性判定でも無症状なら勤務をしてよく、入院患者も無症状なら同室入院可能に。〝恐怖の死のウイルス〟という設定はどこに行ってしまったのか…

科学ではなく〝カガク〟に基づくものですから当然かもしれませんが。

飛行機や長距離バス・フェリーの利用もワクチン未接種者は禁止されました。そのため、カナダ国民はカナダから出ることはできなくなり、カナダは〝世界最大の監獄〟と呼ばれました。ルール上、私も同じく閉じ込められたのですが、私はカナダに永住権で住んでいる〝外国人〟です。仮に永住権者の出国を完全に禁止すると、カナダが外国人を拉致・監禁しているのと変わらないわけで、シンプルに外交問題に発展する話です。

カナダ政府は〝一時的な〟免除措置として、永住権者に一定期間の間はカナダを出国する場合に限り飛行機の利用を認めていました。

結局この一時的な免除措置は延長され続け、また、永住権者がカナダに入国することは可能だったため、日本に一時帰国する際は「日本に永久帰国します」という建前で行き、カナダには「ただいま！」と普通に戻ってくることができました。もちろん、入国管理官のさじ加減で入国拒否をされる危険性があったので、カナダに戻ってくるときはドキドキでした。

このカナダ人を閉じ込めるワクチン義務付けの発表は２０２１年8月13日。２日後に不意打ちの解散選挙を9月に実施することが発表されたため、政治的動機の判断だと言われています。ワクチン接種義務付けは10月30日から実施されました。

ワクチン接種証明の提示は多くの国が入国条件に加えました。カナダやアメリカも例外ではなく、陸路・海路・空路、すべてで接種証明を求められました。同時に一部の例外措置も決められ、エッセンシャルワーカー（必要不可欠な仕事）は、ワクチン接種証明の免除対象でした。エッセンシャルワーカーの職種のひとつがトラックドライバー。

カナダとアメリカは2カ国間では世界最長の国境線を持ち、毎日多くのトラックがあらゆるものを国境を越えて運んでいます。

そして、11月19日、すべてはここから始まったのです。カナダ政府はトラック運転手に対するワクチン接種証明の免除を２０２２年1月15日に終了し、アメリカから入国するすべてのトラック運転手はワクチン２回接種の証明か、14日間の隔離が義務付けられました。１月22日から、カナダからアメリカに入国する際も同様の措置が発表され、仕事の9割近い時間を車内で過ごすトラック運転手にワクチン接種を強制することに疑問の声が上がりました。実際、保健大臣も公衆衛生局トップも「トラック運転手にワクチン接種義務付けをしても効果は薄い」「問題なのは国内の対応だ」と会見で話していて、やっていることと言っていることがバラバラになっていました。

「2週間の我慢だ」と言われ、「ワクチンを2回打てば日常が取り戻せる」と言われ、「ワクチン3回目を打てば日常を取り戻せる」と言われ、前例のない制限が国民に押し付けられました。

ところが、国の言う通りにして2年。日常が取り戻せるどころか、ワクチンを打っているか打っていないかで国民がふたつの階層に分けられていき、国の意向に沿うものはいつも通りの日常が約束され、沿わないものは迫害され、自由が制限され続けました。

それでもカナダ国民は我慢を続けていましたが、トラック運転手に対するワクチン接種義務付けの発表により、堪忍袋の緒が切れたのでした。トラック運転手のワクチン接種率は85%ほどであると発表されていて、これはカナダ国民の2回目接種率とほぼ同じです。

怒りを爆発させたのはワクチン未接種の15%だけなのか？

違います。非常に重要なポイントとして、私のようなワクチン未接種者だけでなく、ワクチン接種者も、カナダ政府の非科学的、非合理的な政策に怒っていたのです。

カナダ政府、州政府の権限はコロナを言い訳に肥大化していきました。その暴走に〝NO〟を突き付けるため、トラック運転手たちがカナダに住む人々を代表し、立ち上がりました。トラック運転手への接種義務付けはあくまでもきっかけであり、カナダ史上最大規模の抗議活動の本質は連邦・州政府の公衆衛生を口実にした権力の肥大化を止めることでした。

大型トラック集団が抗議活動のため、首都オタワに向かいました。"Freedom Convoy"（自由のトラック集団）、フリーダムコンボイの誕生です。

■フリーダムコンボイのタイムライン

話を整理するために、まずはフリーダムコンボイがどのようなタイムラインで発生し、トルドー政権の強権発動で弾圧されたかを並べていきます。事の発端は２０２１年８月ですが、大規模抗議活動は２０２２年1月23日から2月20日ころまで続きました。具体的にどのようなことが起きていたかは後述しますが、まずは次ページのタイムラインで、どのようにしてカナダ国民がトルドー政権と対峙し、自由を取り戻そうとしていたのかを、大まかに摑んでいただきたいと思います。

2021年
8月13日：交通機関の利用・連邦政府職員にワクチン接種義務付けを発表
10月30日：ワクチン接種義務付け施行
11月19日：トラック運転手のワクチン接種義務免除規定撤廃を発表
2022年
1月15日：カナダ側のトラック運転手ワクチン接種義務免除規定撤廃
1月22日：アメリカ側のトラック運転手ワクチン接種義務免除規定撤廃
1月23日：フリーダムコンボイが首都オタワを目指し出発
1月26日：トルドーの"Small fringe minority"会見
1月29日：フリーダムコンボイが首都オタワに到着、抗議活動・道路封鎖開始
1月29日：アルバータ州とアメリカモンタナ州間の道路を封鎖
2月4日：寄付サイト『GoFundMe』がフリーダムコンボイの寄付を凍結
2月5日：ブリティッシュコロンビア州とアメリカワシントン州間の道路を封鎖
2月6日：首都オタワが緊急事態宣言を発令
2月7日：オンタリオ州とアメリカミシガン州間の橋を封鎖
2月10日：マニトバ州とアメリカノースダコタ州間の道路を封鎖

2月11日：オンタリオ州が緊急事態宣言を発令
2月13日：オンタリオ州とアメリカミシガン州間の橋封鎖が解消
2月14日：トルドー政権が緊急事態法発令
2月18日：フリーダムコンボイのリーダーが逮捕
2月19日：フリーダムコンボイ参加者が一斉逮捕
2月21日：緊急事態法を下院議会が延長承認
2月23日：トルドー政権が緊急事態法撤回を発表

■自由を取り戻すトラック運転手の戦いの始まり

２０２２年1月23日、ブリティッシュコロンビア州デルタとプリンスジョージから首都オタワを目指すトラック集団が出発しました。このとき、誰もがあそこまでの規模に膨れ上がるとは考えていませんでした。

ブリティッシュコロンビア州からオンタリオ州にある首都オタワまでは約４４００km。札幌から福岡の距離が約２２５０kmですから、それを往復する距離をトラック集団は進んでいきま

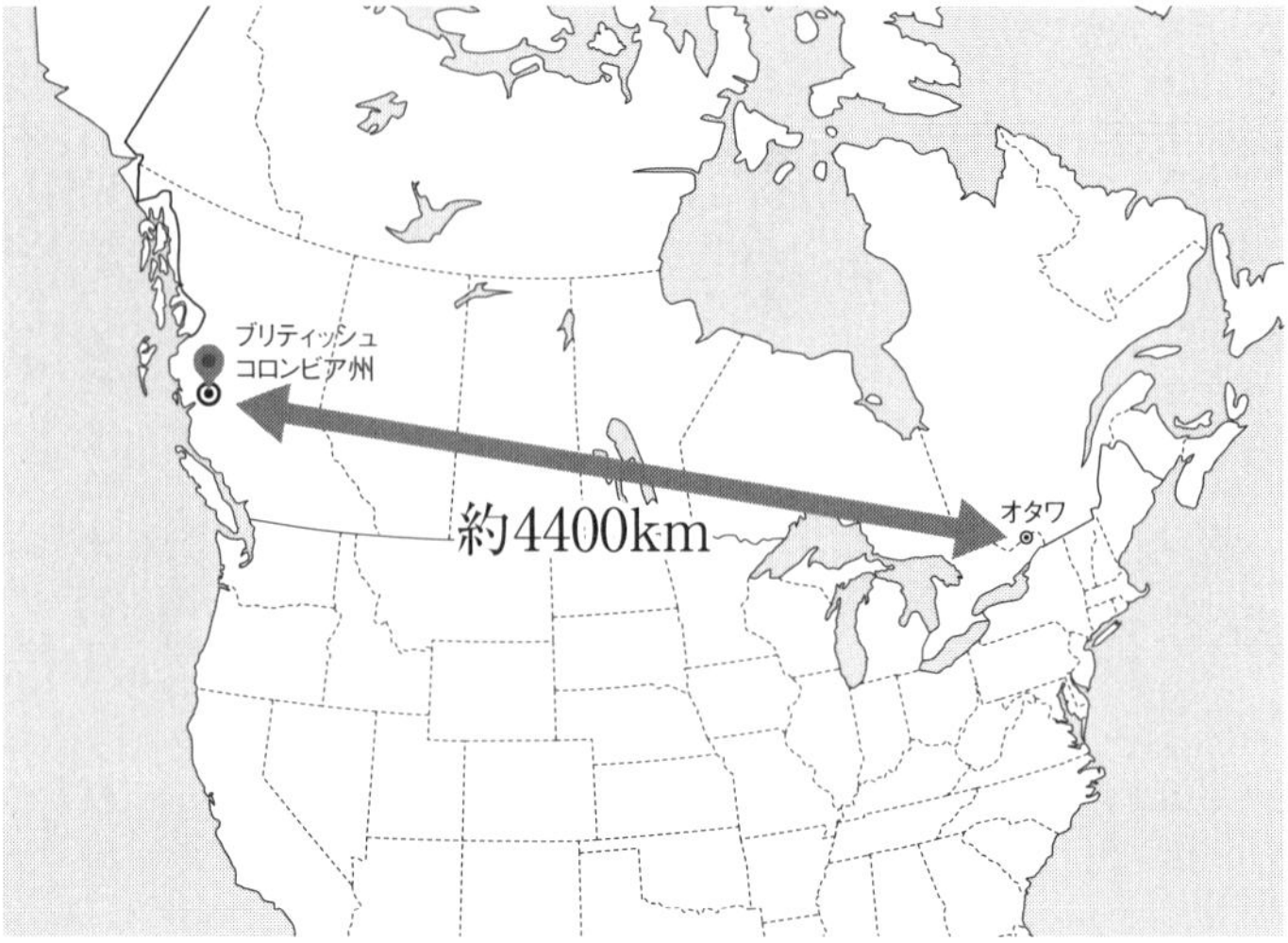

した。経由地のアルバータ州、サスカチュワン州、マニトバ州から合流するトラックや、東部州やケベック州からもトラックは集結しました。

首都オタワではなく、途中まで時間の許す範囲で参戦するトラック、一般車両も参加し、『トロント・サン』誌の報道によると、各地の車列を足し合わせると70kmを超えるものだったと言われています。世界ギネス記録の車列がエジプトの7・5kmで、それを大幅に超える規模です。マニトバ州警察の公式発表では、20km近い車列になっていたということなので、フリーダムコンボイの規模が世界記録を塗り替えるものだったことは間違いないでしょう。

沿道には多くの人が集まり、休憩ポイントには処理しきれない山盛りの食料などが集まり、各地でトラック運転手たちは手厚い歓迎を受けました。

首都オタワに向かう本隊だけでなく、各地で同様の抗議活動が起きていました。後述しますが、道路の封鎖が各地で発生し、私の住むブリティッシュコロンビア州も例外ではありませんでした。

また、道路を封鎖するのではなく、街中を大型トラックや乗用車が隊列を組んでゆっくり走る抗議活動もあり、私も実際に足を運びました。

■カナダの国民性に溢れた抗議活動

〝抗議活動〟と聞くと、想像するのはネガティブな空気感で、怒りや不満のような感情に満ち溢れているものを想像する人が多いのではないでしょうか。または、暴力的なもので「〇〇反対」「××やめろ」のような叫び声が響き渡るものを想像するかもしれません。

フリーダムコンボイの抗議活動はまったく違いました。〝これぞカナダの国民性〟というようなものになっていて、お祭りのようなものでした。〝優しさ〟〝温かさ〟〝愛〟とでも言えばいいでしょうか。私はオーラを知覚するようなスピリチュアル的な感覚を持っていませんが、そんな私でも、参加したバンクーバーダウンタウンのフリーダムコンボイの空気感は、温かく、包み込まれるものを感じました。

フリーダムコンボイに賛同する人が、ダウンタウンエリアに集結するということが発表されていたため、少し離れたところから電動キックボードで向かったのですが、ダウンタウンに到着するまではちらほら沿道でカナダ国旗を振っている人がいる程度。

「ああ、左翼の巣窟のバンクーバーでは盛り上がらないか……」と少し残念な気持ちでダウンタウンを目指していました。

ところが、裁判所を越え、右折してバラードストリートに来た瞬間、空気・景色が一変しました。信じられない人で道路の沿道が埋め尽くされていたのです。人生で初めてですが、自然と涙が出てきたのを覚えています。

「こんなに同じ思いの人がいるのか」という安心感が込み上げてきたのです。大量のカナダ国旗が掲げられていたのも忘れられません。カナダ式の抗議活動は、ポジティブな空気に包まれ、楽器の演奏、ダンス、ハグをし、笑顔に溢れているものでした。そこにはネガティブな感情は一切なく、勇気をもらえるものだったのです。

フリーダムコンボイに不満で、カウンタープロテストをしに来ている人が隅に数人いましたが、彼らは汚い言葉を叫び、中指を立て、誰が見ても負のオーラをまとっているのが見える人たちでした。

このようなカナダ式の抗議活動が各地で起きていましたが、フリーダムコンボイはトルドー政権や各州の左翼勢力にとって非常に厄介な存在でした。公衆衛生の名の下、政府権限を肥大化させ続けていたことに対し、反抗してきた抗議活動者たちですが、あまりに平和的すぎたのです。鎮圧しようにも手を出すことができない。

そこで徹底したレッテル貼りをしたのですが、それは自分たちのクビを絞める結果になっていくことになりました。

■フリーダムコンボイの要求

フリーダムコンボイの要求は、政府による非科学的で非合理的なコロナ規制の撤廃でした。主要メディアやトルドー政権、左翼連中は、あることないこと滅茶苦茶なでっち上げや言いがかりをフリーダムコンボイに浴びせるのですが、フリーダムコンボイはあくまでも日常を取り戻すために首都に来たのです。

ワクチンが感染拡大を抑えることができていないことは、センモンカが何と言おうとデータから明らかです。「２０２３年はワクチン接種義務付けが感染拡大防止に意味がなかったことがわかっているかもしれないけれども、ワクチン接種義務付けを発表した２０２１年夏は、わかっていなかったのではないか」という意見があるかもしれません。

重要なポイントとして、トルドー政権はワクチン接種義務付けに公衆衛生上の効果がないことをすでに知っていました。

２０２１年12月、２人のカナダ人がカナダ政府のワクチン接種義務付けの合憲性を問う裁判を起こしました。この裁判資料から、トルドー政権が「科学に従う」という大嘘をつき続けていたことが明らかに。裁判で明らかになったことは以下の通り。

●ワクチン接種義務付けの政策決定をしたのは20人で構成されている「COVIDリカバリーユニット」
●公衆衛生に関わる経験があったのは20人中ひとりだけ
●そのひとりもカナダ公衆衛生庁職員なだけで、医師でもない単なる事務員
●トルドー首相本人、または首相官邸の指示でワクチン義務付けの検討がされた
閣僚機密なので、具体的に誰の指示かは言えない（＝首相か主席補佐官クラス？）
●10月18日、22日、28日のメールでワクチン接種義務付けを正当化する科学的根拠を探すも、10月30日施行までに見つからなかった

トルドー政権は「科学に従う」という言葉で、約4000万人いるカナダ国民のうち、約500万人をカナダに閉じ込めることを正当化しました。

ところが、実際はワクチン接種義務付けを発表してから、その科学的根拠を探していたのです。しかも、結局それは見つからず「科学に従う」という言葉で誤魔化され続けてきました。政府に絶大な権力を与える危険性がよくわかるのではないでしょうか。合理的な理由なく国民の自由・権利を制限するのは中国のような独裁国家のすることです。

さらに問題なのが、カナダのメディアは政府のプロパガンダ機関に成り下がっているものばかりですので、「具体的にその〝科学〟とは何ですか」という質問はどこもしませんでした。日本の報道を振り返ってみてください。日本政府の方針をどのように報道していたでしょうか。

トルドー政権がワクチン接種義務付けを発表したのが、解散選挙を発表する2日前。タイミングからも、選挙で単独過半数を獲るための政治的な目的にあるワクチン接種義務付けだったことは間違いありません。

結局選挙で議席数が伸びることはなく、トルドー自由党は過半数割れで連立政権を継続することになりました。政治的目的で国民の権利を制限したのは誰の目にも明らか。だからこそ、我慢の限界を迎えた一般市民が立ち上がり、フリーダムコンボイが形成され、カナダの歴史上最大規模の巨大ムーブメントになったのです。

■各地で発生したフリーダムコンボイ

1月29日、続々とフリーダムコンボイ参加者や大型トラックが首都オタワ市内に到着、お祭りになっていました。このときから大型トラックによる道路の封鎖が始まります。フリーダムコンボイの抗議活動は大きく分けて2種類ありました。

ひとつ目は、各地で起きた道路の封鎖です。大型トラックが文字通り道路を封鎖することで、政府と我慢比べをしたのです。もうひとつは、私が参加したような道路の封鎖はせず、街中やハイウェイを車列がパレードのようなことをするものです。

公式のフリーダムコンボイは首都オタワの連邦議事堂付近の道路封鎖をしたもので、他の各地で発生した道路封鎖やパレードの車列は自然発生したものでした。

首都オタワに数百台のトラックが集結し、議事堂付近はお祭り騒ぎ。文字通りお祭りのような雰囲気で、先述の通り、カナダの国民性が前面に出ていた優しさや愛に満ち溢れたカナダ版抗議活動でした。イベントで目にするようなバウンシーキャッスル（空気で膨らませた子どもたちが遊べるもの）や、移動式サウナ、無料のBBQなどが振る舞われ、ホッケーをする人たち、踊って、歌って、子どもから大人まで多くの人が参加しました。

トラックのクラクションも鳴り響き、〝Honk Honk〟（クラクションを鳴らすこと）は〝自由〟

を象徴する言葉と言われるようになりました。忘れてはならないのは、この時期は真冬。マイナス20度近い寒空の下、多くの人が希望を胸に集まっていました。

■"Small fringe minority"

私も含め、フリーダムコンボイがあそこまでの規模に膨れ上がるとは誰も想像しませんでした。首都に近づくにつれ、規模はどんどん膨れ上がり、1月26日にトルドーは会見でフリーダムコンボイに言及します。記者団にフリーダムコンボイについて尋ねられ、こう答えました。

"The small, fringe, minority of people who are on their way to Ottawa who are holding unacceptable views that they're expressing, do not represent the views of Canadians who have been there for each other, ……

(小さな、取るに足らない、受け入れがたい意見を持つ少数派たちがオタワに向かってきているが、互いのために行動してきたカナダ人の意見を代表しているわけではない)

フリーダムコンボイは相手をする必要のない自己中心的な非科学過激思想集団であるという

レッテル貼りをしたのです。

"Small fringe minority"という言葉は、フリーダムコンボイの合言葉のようなものになりました。そして、フリーダムコンボイを糾弾する会見をした翌日の27日、本隊が首都に到着する直前になり、ついにトルドーが動きます。

逃げたのです。「濃厚接触者になったため」という理由で、自宅に引きこもりました。随分とタイミングがよろしいことで。散々喧嘩を売っておきながら、尻尾を巻いて逃げたのです。1月29日に大規模抗議初日を迎えた日、トルドー家族は安全のため〝非公開の場所〟に避難。

一方、最大野党保守党議員やカナダ国民党党首らは現地でフリーダムコンボイ参加者と交流。1月31日に自主隔離期間が明け、少なくとも議会に来るかと思いきや、偶然にも「コロナ陽性判定が出た」とブースター接種済みのトルドーが発表。さらに隠れ……隔離することになりました。

とにかく徹底してフリーダムコンボイと向き合おうとしなかったのです。私見ですが、国民の声に耳を傾けることができないものは政治家の資質はないと思います。ツイッターでやたらとブロックをしまくるような政治家もいますが……。

トルドーは2020年夏にアメリカで暴力の限りを尽くし、2週間で14人が死亡し、2000億円の経済損失を出したBLM(Black Lives Matter)に賛同し、膝つきパフォーマンスをし、２０２１年夏には、かつてカトリック教会が先住民族の子どもたちに大規模な虐待を行っていたという“Residential School”（寄宿舎）問題で、71のカトリック教会が放火・破壊されたことを「理解できる」と暴徒を擁護。にもかかわらず、何も暴力行為をしていないフリーダムコンボイには面会するどころか、一方的にレッテル貼りをし、攻撃をしたのです。このしっぺ返しは次の選挙であるかもしれません。

脱線話になりますが、寄宿舎問題も触れておきます。

２０２１年5月、ブリティッシュコロンビア州カムループスの旧寄宿舎跡地の地中に「２１５人の子どもの遺骨」が発見されたと報じられ、これが発端となり、カトリック教会に報復の放火・破壊行為が頻発しました。

ところが、この２１５人の遺骨報道は不審な点が多い。まず、地中を特殊な機械で探知し、〝異常〟が見つかっただけで、２０２３年になった執筆時もカムループスで地中を掘り起こす調査はされていません。しかも、「異常が発見された」という〝言葉〟が発表されているだけで、具体的なデータは公開されていません。また、遺骨が発見されたと言われている場所は、かつてゴミ集積所だったこともあり、本当に遺骨かどうかは不明です。

※ Residential School（寄宿舎）問題
１８７０年～１９９７年まで先住民族の子どもたちが専用の学校に通わされていたと言われています。先住民族の独自文化の浸透・拡散を防ぎ、先住民族文化をなくす「文化的ジェノサイド」と言われ、劣悪な環境で栄養失調・病気で亡くなったり、暴力や性被害が絶えない場所だったと“言われています”。約70％がカトリック教会により運営されていました。

2021年10月にアルバータ州エドモントンで先住民族の遺体が埋められたとされていた旧病院跡地21か所が掘り返されましたが、探知された異常は単なるガラクタやゴミだったことが確認されています。

そもそも、行方不明になっていると〝言われている〟多くの先住民族の子どもたちの死亡診断書が実は見つかっているにもかかわらず、カナダ政府の公式資料に行方不明者として残されたままの子も大勢います。

私自身、先住民族が9割の村に住んでいた経験があるのでよくわかりますが、学校からかなり離れたところに住んでいる人が非常に多いです。

冬にマイナス45度になる過酷な環境を乗り切ることができる自家用車やスクールバスがまだ普及していない時代でバラバラに住んでいた先住民族の人々が教育を受けるには寄宿舎は必要なものであったのではないかと思います。

もちろん、ひどい目に遭った子がいたであろうことは否定しませんが、トルドー政権は先住民族の歴史を利用しているように思えます。

フリーダムコンボイのオーガナイザーのひとりであるタマラ・リッチ。
写真：ロイター／アフロ

■寄付金額で伝わるカナダ国民の怒り

フリーダムコンボイに賛同する多くの人が寄付をしました。私も僅かながら寄付をしました。集まった金額、勢いから、カナダ国民の政府に対する怒り、フリーダムコンボイに託した希望がどれほどのものだったかを知ることができます。

フリーダムコンボイのリーダーとして動いていたのがアルバータ州在住のタマラ・リッチ。12月中旬から、リッチはフリーダムコンボイを計画し始め、1月14日にトラックのディーゼル燃料、食費などのための寄付を募り始めました。

彼らは『GoFundMe』という寄付を一般公募するサイトにページを設置、２００万円集まったらいいなという気持ちで、もうひとりのリーダー格サスカチュワン州のトラック運転手クリス・バーバーは冗談で「2500万円に目標設定しよう」と提案、リッチは笑いながら「1000万円にしておこう」と、寄付目標額を設定。後のインタビューで「1000万円もやりすぎだと思った」と語っています。

リッチらフリーダムコンボイのリーダーたちは大きな勘違いをしていました。カナダ国民の怒りは、抗議活動を計画していたリッチたちを遥かに上回っていたのです。というのも、1000万円という目標額はたったの2日で到達してしまったのです。フリーダムコンボイのリーダーたちですら、カナダ国民の政府に対する怒りを予想できていなかったということです。1週間経過する前に寄付額は1億円を突破。2月2日には10億円を突破し、リッチの想定していた200万円の500倍の寄付が集まったのでした。

この寄付を巡り大問題が起きます。2月2日、GoFundMe は寄付の受け付け停止を発表、2月4日には寄付の凍結を発表したのです。

理由は「法執行機関から、占拠・暴力・違法行為をフリーダムコンボイがしている証拠を得たため、利用規約違反と判断した」から。確かに、道路の封鎖をしていることに対し、言い訳のしようがありません。しかし、後述しますが暴力は存在しなかったことであり、それ以上に違法行為を理由に寄付を凍結することは、GoFundMe の明らかなダブルスタンダードを見せるものになりました。

たとえば2020年7月2日、GoFundMe の公式ツイッターアカウントは〝CHOP〟を支持する投稿をし、CHOPを現地支援している農家の寄付サイトに、GoFundMe 公式チームから約1万5000円の寄付をしていました。CHOPとは、2020年のBLM暴動の最中、ワシントン州シアトルの一角を極左集団が占拠（通称CHAZ：キャピトルヒル自治区）、このCHAZでの活動をCHOP（キャピトルヒル組織的抗議）と呼びます。

このワシントン州州都の占拠を、GoFundMe は支持するだけでなく、資金提供までしていたのです。金額は1万5000円と小さいかもしれませんが、金額は関係ありません。支持をしていること、寄付ページを残していること自体が大問題なのです。この極左集団に支配されていたCHAZでは、発砲事件や暴力事件が何度も発生、死者も出ています。つまり、GoFundMe は暴力行為も違法行為も容認していたのです。

他にも、インドで道路封鎖をした農家の抗議活動の寄付ページも残したままですし、BLM暴動で暴力・略奪・違法行為をし、逮捕された人々の保釈金を集めるためのページも残されています。フリーダムコンボイの寄付ページだけを狙い撃ちで削除するのは、まったく筋が通らないのです。首都オタワのジム・ワトソン市長とオタワ警察が根回ししていたことが後に判明しました。

さらに大問題だったのが寄付の取り扱いです。フリーダムコンボイは余剰金はすべて退役軍人のための基金に全額募金することを公表していました。10億円を超える金額が凍結されたとき、GoFundMeは衝撃的な発表をします。

この凍結された寄付は「主催者と相談の上、GoFundMeが承認した信用のおける慈善団体に寄付をする」と発表したのです。いやいやいやいやいや。そもそも我々寄付をした人々は、フリーダムコンボイを応援しているのであって、どこの詐欺まがいな団体かもわからないようなところに寄付をした覚えはないのです。本来であれば自動返金するべきですが、わざわざ申請しなければなりませんでした。

このまったく筋の通っていない返金対応は、おそらくGoFundMe史上最大の大炎上をし、翌日にはすべての寄付金を自動返金することが発表されました。GoFundMeはアメリカ拠点の企業であり、フロリダ・オハイオ・ルイジアナ・ミズーリ・ウェストヴァージニア・ジョージア州の司法長官が捜査をすることを示唆していました。

カナダ国民のフリーダムコンボイに託した希望は、潰えてしまったかのように見えましたが、別の寄付サイトがフリーダムコンボイに助け船を出す名乗りを挙げます。『GiveSendGo』です。これもアメリカ拠点の寄付サイトで有名です。

GiveSendGoに寄付が殺到、寄付ページはアクセス集中のため何度もダウンをしましたが、2月6日にはカナダドルで6・3億円相当が集まり、10日には11億円という、GoFundMeを越えるスピードで大量の寄付が集まりました。

ところが、次はオンタリオ州政府が裁判所に訴え、寄付の凍結命令が出されてしまいました。これに対しGiveSendGoは「カナダはアメリカ拠点の我々に、資金をどのように扱うかを命令する法的権限を持たない。フリーダムコンボイに限らず、我々のプラットフォームではすべての寄付が受け取り人に届くようにする」と、徹底抗戦の構えを見せました。

残念ながらカナダ側の銀行に寄付を送金した時点で差し押さえられてしまうため、GiveSendGoは最後は返金措置をせざるを得ない事態になりましたが、断固として抵抗をする姿勢を見せてくれたことに感謝をしたいです。

寄付の凍結に効果があったかというと、実は抗議活動への影響はほとんどありませんでした。フリーダムコンボイを支持する人々は様々な支援物資をトラック運転手たちに直接渡していたからです。サンドイッチやマフィン、温かいスープのような手作りを含めた大量の食料、衣料品や燃料など。必要なものはすべて山のように届けられました。フリーダムコンボイメンバーだけでは食べきれなかったため、近くのホームレスシェルターに何度も寄付をするも、ホームレスシェルターも倉庫がいっぱいになり、食料の寄付が拒否されるほどでした。

フリーダムコンボイに持ち込まれた支援品の中には現金やギフトカードもありました。燃料配給を仕切っていたジョーンは1日で約900万円の現金の寄付が持ち込まれていたと話しています。寄付サイトを凍結されたところで、人々の支援の輪は広がる一方だったということです。

余談にはなりますが、現在世界的にデジタル通貨の導入が政府主導で進められています。デジタル通貨の危険性に関しては、よく〝陰謀論〟の三文字で片づけられてしまいます。正直私もよく理解していないときは、そのひとりでした。

よくわからない話は陰謀論という言葉で片づけられがちですが、今回の寄付の凍結騒動を見て、政府（司法）の意思で民間のお金を簡単に凍結できる恐ろしさを感じることができるのではないでしょうか。**デジタル通貨は便利さと引き換えに政府に差し渡すことになるものがあることを忘れてはなりません。**また、この寄付を巡って、私を含めてフリーダムコンボイに賛同した多くの人々は更なる恐怖に晒されることになりましたが、その話は後述します。

■メディア・左翼活動家・政治家による印象操作

フリーダムコンボイで私が懸念していたことがありました。アメリカで2021年1月6日に起きた連邦議事堂襲撃事件のカナダ版が起きないかどうかです。アメリカの議事堂襲撃事件はトランプサポーターが起こしたものとされていますが、執筆時でFBI、国土安全保障省、首都警察などの覆面捜査官や内通者50人以上が現場にいて、しかもトランプサポーターを煽るようなことをしていたところが映像に残されていたことが裁判で明らかになっています。

日本メディアはまったく報じていないと思いますが、1月6日事件は「トランプサポーターが悪かった」で片づけるには無理がありすぎるようなことがありました。詳しくは私のユーチューブ動画を参考にしていただけたらと思います。

話を戻しまして、フリーダムコンボイを内部から崩す動きを危惧していたのです。ところが、何度も言及した通り、現場はそのような〝悪意〟を持った人が立ち入れば、たちまち目立ってしまうほど、とにかく温かい前向きな空気で埋め尽くされていました。あまりにも平和的すぎたため、工作活動もできなかったのでしょう。そのため、左翼による徹底したレッテル貼り、印象操作があの手この手で繰り広げられました。とにかく言いたい放題適当なことを言いまくっていた実例を紹介します。

①反ワクチン過激集団

先述の通り、フリーダムコンボイの目的はワクチン反対運動ではありません。ワクチン接種義務付けという事実上の強制のような、〝自由〟を制限し続ける政府に対する反対運動でした。現場には多くのワクチン接種済みの人の姿がありました。

②ロシアが裏で糸を引いている

カナダ公営放送CBCは「センモンカによると、フリーダムコンボイの背後にロシアがいる可能性がある」と、フリーダムコンボイは国家転覆目的の工作活動であるという、荒唐無稽な妄想陰謀論を放送。数日後に撤回しましたが、左翼は困ったら「ロシアロシア」、図星な指摘を受けると「レイシスト！　差別！」と言うのは、マニュアルか何かがあるのでしょうか。

③フリーダムコンボイは放火魔

2月6日深夜、フリーダムコンボイのいる首都オタワのとあるコンドミニアムで放火事件が発生。偶然にも早朝通りかかった人が消火し、大事には至りませんでしたが、玄関ドアが外からテープで固定されていたため、気づくのが遅ければ甚大な被害が出ていた恐れがありました。監視カメラに2人の男が映っていて、犯人は3月21日、4月7日にそれぞれ逮捕されました。

この放火を巡り、事件の翌日にオタワ市長は「フリーダムコンボイの犯行だ」と断定。新民主党党首も議会で「フリーダムコンボイが放火をした」と断定、自由党（トルドーの政党）議員も同じく「フリーダムコンボイが火をつけた」と議会で断定。主要メディアは「フリーダムコンボイによる放火未遂！」と大々的に報道。大嘘です。

警察の発表で、2人の犯人はいずれもフリーダムコンボイとは無関係の人だったことが発表されています。フリーダムコンボイに濡れ衣を着せた政治家たちは誰も発言の訂正をしていませんし、今日まで謝ってもいません。

④墓荒らし女

フリーダムコンボイが集結した場所に"Tomb of Unknown Soldier"「無名戦士の墓」がありま す。この慰霊碑の上に登り、踊り狂っていた謎の女性がいました。カナダメディアは「死者への冒瀆だ」と非難する記事をこぞって出しましたが、4月末に警察がケベック州の女性であったことを発表。同時に「フリーダムコンボイに賛同している人物ではなかった」とも発表されました。ちなみに、この女性は深く反省しているという理由で不起訴処分になっています。

⑤レイプ魔がいる

いません。

⑥武器が発見された

3月19日、左翼メディア『Toronto Star』は「警察関係者の話によると」という前置きで「オタワに集結したフリーダムコンボイのトラックを捜索したところ、弾丸充塡済みのショットガンを発見した」と報道。マルコ・メンディチーノ公安大臣はこの記事を議会で引用「誰も傷ついていないことは奇跡的なことだ」とフリーダムコンボイを非難。

ところが、3月24日に議会にオタワ警察署長が召喚され、ショットガンは発見されていないことが明らかになりました。つまり、『Toronto Star』の報道は真っ赤な嘘だったのです。警察関係者という存在自体がでっち上げられた可能性がありますが、左翼の常套手段ですね。

⑦緊急車両の妨害

フリーダムコンボイは首都オタワの連邦議事堂前の道路をトラックで封鎖する抗議活動を続けました。この道路封鎖で救急車や消防車のような緊急車両が通れない状態になっていて、人命に関わる事態だと批判がありました。これも嘘です。

フリーダムコンボイは緊急車両が通るための道を常に開けてありました。フリーダムコンボイは現地警察と毎日ブリーフィングをし、緊密な連携をとっていて、緊急車両が通れなくなるような事態が起こるはずがない状態でした。

⑧反ユダヤ

2月6日、"Canadian Anti-Hate Network"(カナダ反ヘイトネットワーク)の代表バーニー・

ファーバーはツイッターに「（フリーダムコンボイに）占拠されているオタワにいる友人から送られてきた」という説明とともに画像を投稿。「コロナはすべてユダヤ人による（陰謀による）もの」というタイトルの反ユダヤ広告でした。

つまり、フリーダムコンボイは反ユダヤ人の差別主義者の集団であると主張しているのです。この投稿は『CTV』や『Hill Times』のようなメディアで引用され、議会では新民主党の議員が取り上げるなど、政治家・メディアが大騒ぎ。

ところが、カナダメディア『Quillette』の編集のジョナサン・ケイが、これがでっち上げであることを指摘。ファーバーのでっち上げ投稿に「わお、これは驚いた。君のいう〝占拠されているオタワの友人〟とやらが送ってきた画像は、2週間前にマイアミ（アメリカフロリダ州）で発見され、ツイッターで話題になった反ユダヤ広告とまったく同じもので、まったく同じ背景をしているな」とコメントし、ネットの拾い物であることを見破ったのです。この反ユダヤ広告は1月23日にツイッターに投稿され、1月24日には『Cleveland Jewish News』が報じていました。Canadian Anti-Hate Network は2020年にカナダ政府から2680万円の補助金を受け取

り、ヘイト対策をしている団体ですが、根も葉もないヘイトをバラ撒いているのはどちらなのでしょうか。

⑨医療従事者狩り

2月5日、私はバンクーバー中心地のフリーダムコンボイに参加しました。前日、当時のバンクーバー市長ケネディ・スチュワートは「ヘイトに居場所はない」「フロントライン・医療従事者へのヘイトを許さない」という、意味不明な声明を発表。

バンクーバーの保健当局は医療従事者に屋内に避難し、医療従事者だとわかるような服装で外に出ないように警告を出しました。この意味不明な声明の発端になっているのは、オンタリオ州トロントの病院が流したデマだと思われます。

トロントの複数の病院が「警察からフリーダムコンボイ対策で医療従事者であるとわかるような服装しないように助言を受けた」と内部通達。ところが、トロント警察はそのような助言をしたことはないと事実を否定。過剰反応した病院がでっち上げたのです。

当たり前ですがフリーダムコンボイが病院や医療従事者を襲撃することなどなく、むしろ病院敷地内で抗議活動をしていたのは医療従事者の方でした。

わざわざ診察予約をキャンセルし、暇になったからなのか病院の敷地内でフリーダムコンボイに反対する抗議活動をしていたのです。

　ちなみにスチュワート元バンクーバー市長ですが、２０１８年にパイプライン増設に反対する環境左翼活動家が道路封鎖し、線路を放火するフリーダムコンボイの数百倍危険なことをした際、「州民の10％が賛成してくれている」というよくわからない理由で抗議活動という名の破壊活動に参加し、警察に逮捕されています。

　これはカナダだけでなく、世界で起きている問題ですが、メディアが機能不全を起こしています。従来のメディアは〝情報〟を拡散する役割を果たしていましたが、現在は〝思想・思考〟を拡散するプロパガンダになっています。カナダの場合は、トルドー政権がメディアに様々な名目で補助金をじゃぶじゃぶ流していることが問題視されています。

　たとえば、〝デジタル報道への移行〟という名目で６００億円がトルドー政権に選ばれたメディアにだけ出ていたり、公営放送ＣＢＣの予算は増え続けています。フリーダムコンボイに対する公平な報道をしていたのは『Rebel News』や『True North』といった非常に小規模な保守系メディアだけ。

　これは悪いことばかりではなく、フリーダムコンボイの偏りすぎた報道は、歪な情報環境に人々が気づくきっかけに繋がっているかもしれませんが、これは後述する保守党復活の追い風のひとつになっていたでしょう。

■カナダ連邦政府職員労働組合のストライキ

2023年4月の執筆中、カナダ連邦政府職員で労働組合に加入している15万5000人がストライキを起こしました。給与と待遇の改善を求めてのものですが、部門によって要求が違いますが、3年間で25％から45％の賃上げを要求（後に11％に引き下げ）。他にもコロナ騒動で壊された経済から立ち直れていない民間企業ではありえないような要求がされました。議会予算局は4年間で1・6兆円の予算が必要と試算を出しています。

腹が立って仕方がなかったのが、このストライキを主導している"Public Service Alliance of Canada"（カナダ公共サービス同盟：PSAC）は2022年2月2日、フリーダムコンボイを「憎悪を煽る混乱」と非難していました。

ところが、2023年4月17日から始まったストライキでは道路の封鎖が各地で起きたのです。自然発生ではなく、PSACの計画です。4月27日には25か所で発生し、道路だけでなく、パスポートオフィスやちょうど確定申告シーズンで最も一般人が必要とする国税局のある建物が封鎖されました。

さらにはオンタリオ州、ケベック州、アルバータ州のカナダ軍基地に通じる道が封鎖されたり、流通の要衝になっている場所、国境が封鎖されました。国家安全保障リスクがあるだけでなく、たとえばオンタリオ州のカナダ軍基地内にいた軍人とその家族約3500人が閉じ込められる事態になりました。

さらにフリーダムコンボイの嘘を拡散し、徹底的に非難していた新民主党（NDP）は道路封鎖をするストライキを支持、現場に党首ジャグミート・シンがスピーチしに行くという、「お前ら1年前の記憶が吹き飛んだのか」と言いたくなるようなことをしていました。

編集担当の方を確実に戸惑わせるレベルの罵詈雑言を書き並べてしまいそうなほど怒り爆発状態で執筆していますので、ここで止めておきたいと思いますが、後に紹介する緊急事態法を発動して、新民主党党首を含めた参加者の銀行口座が凍結されることを願っています。

このストライキはフリーダムコンボイと大きな違いがありました。カナダ国旗がまったく見当たらないのです。PSACの旗やLGBTのレインボーの旗ばかりで。カナダ国旗や州旗が掲げられていたフリーダムコンボイとは明らかに空気感が違いました。

■3200ℓの燃料を押収するも…

話をフリーダムコンボイに戻します。フリーダムコンボイが首都オタワに到着したのは2022年1月29日、2月中旬までは議事堂前に居座る抗議活動を続けましたが、首都到着前からメディアや政治家、左翼による印象操作を受け続けていました。

フリーダムコンボイに欠かせないのがディーゼル燃料でした。外気温はマイナス20度前後、常にトラックのエンジンやヒーターのためのジェネレーターをかけておかないと凍死してしまいます。

フリーダムコンボイは400人近いボランティアが運営に携わっていました。ホテルの会議室を本部にし、ITチーム、出納チーム、元医療従事者で構成される救護チーム、元警察を中心にした警備チーム、そして、燃料を管理するチームなど急ごしらえではありますが、役割分担がされていました。

燃料の調達管理をしていたのがジョーン。2月6日、警備チームに警察関係者から燃料の押収をオンタリオ警察が始めるという情報が入ります。すぐさまジョーンはチーム全員に燃料を配れるだけ配るように指示を出します。情報の通り、夕方からディーゼル燃料の入った燃料缶の押収が始まりました。もう一度言いますが、このときの外気温はマイナス20度。警察はフリーダムコンボイの命を取りに来たようなものだったのです。警察発表で約3200ℓのディーゼル燃料が押収されたことが発表されています。

このオンタリオ警察の燃料押収という判断はふたつの意味で効果がありませんでした。

まず、オンタリオ州ではディーゼル燃料は一般用の課税燃料と、農業や建設といった商業用の非課税燃料の2種類があります。違いがわかるよう、商業用は色が赤色なのですが、フリーダムコンボイの燃料保管現場に残されていたのは、寄付をしてもらったけれども使うことができなかった商業用の赤色の燃料だったのです。ジョーンも「間抜けたちが、そもそも使えないものを持って行ってくれた」と語っています。

もうひとつの理由が、寄付を呼び寄せることになったのです。警察の押収が始まったという報道があってから2時間もしないうちに、人々は続々と燃料缶を持ち込んできたのです。

押収された使うことのできなかった赤色燃料の倍以上の使うことのできる燃料がその日のうちに集まりました。翌日からは警察が新たに持ち込まれた燃料を押収しようとしましたが、空っぽの燃料缶を持った数百人の集団が、首都オタワを練り歩き、警察を混乱させるという抗議活動も起きています。警察の中にはこの強硬な対応に反対している人はいたようで「中身は水だろ?　水なら没収しないよ」と、取り締まり命令に従わない人もいました。

寄付の凍結も、燃料の押収も、政府と戦うと決めた人々の前では無意味だったのです。ちなみに、令状なしで個人の所有物を押収していたため、憲法違反行為であった可能性が指摘され、裁判所は即時返還命令を出しています。フリーダムコンボイはあくまでも憲法の範囲内で抗議活動を続けていましたが、警察が違反していたようです。

■緊急事態法の発動

トルドー政権は2015年11月に発足しました。

それから約7年間、トルドーはここまでの大規模な抗議活動に直面した経験がありませんでした。法執行機関を使って取り締まろうにも、あまりに平和的すぎるため警察は動けず、レッテル貼りをするのが限界。濃厚接触者やコロナ陽性を言い訳にして時間を稼ぎましたが、フリーダムコンボイは諦めませんでした。トルドーは徹底してフリーダムコンボイに対する口撃を繰り返し、何が何でもフリーダムコンボイの要求を受け入れず、会談をすることも拒否しました。

そんなトルドーの（何の価値もない）面子が丸潰れになる恐れがあることが起きます。

オタワ市長がフリーダムコンボイとの交渉に応じたのです。2月11日、ひとりの男が動きました。ディーン・フレンチ、オンタリオ州首相フォードの元主席補佐官で、オタワ市長ワトソンと良好な関係を持つ人物です。

フレンチはフリーダムコンボイとオタワ市の仲介役を依頼されたのです。フリーダムコンボイの代表団、オタワ市長スタッフとミーティングを重ね、2月13日昼ごろに妥協案の合意がされた。ワトソン市長署名のレターを要約すると「2月14日正午までに、トラックが〝市街地〟から移動している明確な証拠があれば、フリーダムコンボイの代表タマラ・リッチとの会談に応じる」というものでした。

フリーダムコンボイの元々の計画では議事堂前の大通りに限定した抗議活動でしたが、想定以上のトラックが集まったため、市街地にまで伸びていました。これはフリーダムコンボイ代表団の意図したものではなく、なんとかしなければならないと思っていたため、市長側の要求を呑む形で実施されることに。

実際は2月12日の時点で、市街地からの移動は始めていたため、市長側からの要求はフリーダムコンボイからすると大したものではありませんでした。しかも市長側は「24時間以内にすべての市街地に残ったトラックの移動」を要求していましたが、タマラ・リッチの要求で「72時間以内」に期限を延ばさせ、「24時間以内に移動を始めた明確な証拠を見せる」という譲歩をさせました。

また、この市長との合意案は3つの理由でフリーダムコンボイにとっての勝利と呼べるものでした。

まずひとつ目の理由が、市長がフリーダムコンボイと会談に応じる意向を示したことです。国家転覆を目論む犯罪者テロリスト集団とまで言われていたフリーダムコンボイと、首都の市長が会うということ自体に大きな価値があります。トルドーの逃げ場がなくなるのです。

ふたつ目が、市街地からの移動を条件に、議事堂前の抗議活動を継続することを事実上容認させたのです。そして3つ目の理由が、タマラ・リッチをフリーダムコンボイの代表であると認定し、フリーダムコンボイをひとつの組織であると認めさせたことです。バラバラに動くテロリスト集団ではなく、きちんとした組織であり、リーダーが誰かを明確にさせることに成功し、今後の交渉をしやすくすることができたのです。

こうなるとトルドーは追い込まれます。オタワ市長が会談に応じ、抗議活動の継続を容認することは、トルドーのフリーダムコンボイを無視し続ける選択肢がなくなることに繋がるためです。2月13日深夜、トルドーは閣僚を緊急招集。翌14日にカナダ国内すべての州首相と緊急会談。そして、14日夕方、トルドー首相、クリスティーナ・フリーランド副首相兼財務大臣、デービッド・ラメティ法務大臣兼司法長官らが記者会見を開き、「緊急事態法」の発動が宣言されたのです。

■カナダの緊急事態法とは?

カナダの歴史上、初めて発動されることになった「緊急事態法」は、1988年の改正で成立したものでした。旧来の法律名は「戦時特措法」、名前の通り、戦時下に発動されていた法律です。名称が戦時特措法のとき、過去に3回だけ発動されました。

1970年10月16日、モントリオール・アリーナで、拳を振り上げ、FLQ（ケベック解放戦線）のスローガンを叫びながら、FLQへの支持を表明する学生たち。カナダ軍が市内に進駐した際に行われたこの集会には、約3,000人の学生が参加した。写真：AP/アフロ

第一次世界大戦、第二次世界大戦、オクトーバークライシス（10月危機）、の3回です。オクトーバークライシスとは、1963年から1970年にかけ、ケベック州の分離独立を求める運動が激化、誘拐事件やテロ事件が相次ぎました（ケベック州はフランス語話者が多く暮らす州で、他のカナダの州と多くの違いがある州です）。

1970年10月にはテロリストグループ「FLQ（ケベック解放戦線）」によってイギリスの外交官が拉致され、ケベック州副首相が誘拐・殺害されるという大混乱に陥っていました。ケベック州はカナダ国防法に基づくカナダ軍の派遣を依頼、ケベック州内のいたるところに軍服を着たカナダ兵や戦車が配備される異様な光景に。

その後、当時のカナダ政府は戦時特措法を使用することを発表、警察に絶大な権限を付与し、早

朝4時からテロリストや独立運動の支持者と〝疑われる〟人物たちを次々と逮捕。平和的なケベック独立活動家も多く含まれていたため、治安維持だけでなく、政治的な目的もあったと言われているのがオクトーバークライシスを鎮圧するための戦時特措法だったのです。

警察を使い、分離独立を支持する政党の事務所を急襲し、党員名簿を警察が没収していることも、政治利用という批判の原因になっていました。

この戦時特措法を発動させた当時のカナダ首相の名前はピエール・エリオット・トルドー。現カナダ首相ジャスティン・トルドーの父です。つまり、トルドー家は親子2代に渡り、法律の名称は違いますが、緊急事態法を使用したということです。

今回トルドー政権が発動した緊急事態法とは、重大な国家安全保障リスクがあると認定された場合に限り、連邦政府の権限を大幅に強化し、平常時では適当ではない対応を可能にするものです。

カナダ国民の権利を保障している〝Charter of Rights and Freedoms〟（権利自由章典）を〝尊重しなければならない〟と緊急事態法には規定されていますが、〝尊重＝守らなければならない〟ではありません。必要に応じて国民の権利を制限することが可能なのです。

権利自由章典の第1条にその根拠の規定があり、「自由で民主的な社会で明らかに正当化できる法律で定められた合理的な制限のみを条件として、そこに定められた権利と自由を保証する」と規定されています。

つまり、個人の自由を制限して、社会の利益を優先させることが可能になっているのです。この規定は一見すると当たり前のように思えるかもしれませんが、後述する緊急事態法の裏側を知ると、政府の判断で国民の権利を自由に制限できることがいかに恐ろしく、リスクのあることかを知ることができると思います。

ちなみに、カナダの権利自由章典が成立したのは1982年、当時の首相はピエール・トルドー。カナダはトルドー家の呪いにかかっています。

■緊急事態法をもう少し深掘り

カナダを変えた強力な法律ですので、もう少し緊急事態法を深掘りします。

緊急事態法でいう重大な国家安全保障リスクとは大きく分けて4つのカテゴリに分けられます。疫病を含む激甚災害、公序良俗上の緊急事態、国際的な緊急事態、戦争です。

これだけでは条件としては不十分で、これら4カテゴリのいずれかの国家安全保障リスクに加え、〝州・準州政府が対応できない〟場合で、〝既存の法で対応ができない〟場合に限り、30日の期限付きで発動することができます。宣言後、7議会開会日以内に上院（元老院）、下院（庶民院）で過半数の賛成をとる必要があります。

１９７０年のオクトーバークライシス以降、１９９０年オカクライシス（ケベック州政府と先住民族の3か月続く紛争で、長期の道路封鎖があり、2人の死者が出た）、9・11同時多発テロ、リーマンショック、コロナパンデミック、どの危機的状況でも緊急事態法は使われてきませんでした。

ところが、トルドーは自由を取り戻すために、クラクションを鳴らし、カナダ国旗を掲げ、バウンシーキャッスルで子どもをもてなし、無料のホットドックやＢＢＱをホームレスに振舞い、国歌『O Canada』を歌い、踊る人々に対して、死人が出た事件以上の対応をしたのです。

なぜこのようなことができるかというと、憲法にあたる権利自由章典に**〝合理的な制限〟という曖昧な文言で国民の自由・権利を制限できるようになっているからです。**

トルドー政権はフリーダムコンボイを〝公序良俗上の緊急事態〟のカテゴリに当てはまると認定。この公序良俗上の緊急事態が〝国家安全保障リスクがあるもの〟でなければならないのですが、具体的には〝Canadian Security Intelligence Service Act〟（カナダ安全保障情報局法）の第2条の規定に従います。４種類の安全保障上の脅威があります。
①スパイ・工作活動　②海外からの影響力工作活動　③暴力による政治的・宗教的・イデオロギー的目的を達成する行為　④不法行為によるカナダ政府の破壊・転覆

トルドーは「フリーダムコンボイは深刻な暴力による政治的目的を持ったグループ（国内テロリスト）」と言及していますし、海外勢力がバックについているという、根も葉もない嘘を言っていたので、トルドーの脳内では①〜④すべての条件が揃っていたようです。

フリーダムコンボイは世界中から応援の声がありましたので、海外からの影響力工作と言ってもいいかもしれませんが（笑）。

■緊急事態法でトルドー政権がしたこと

緊急事態法により、様々な規制が発表されました。まず、警察の権限を強化、政府が“Critical infrastructure”（重要なインフラ）と指定した地域への立ち入りの制限を可能にしました。抗議活動現場の連邦議事堂周辺や国境だけでなく、ワクチン接種会場も重要インフラに指定されました。トルドー政権をはじめとした左翼勢力は、フリーダムコンボイが反ワクチン過激暴力集団であるというレッテルを貼り続けました。

実際、公式・非公式を問わずフリーダムコンボイの抗議活動発生現場での暴力事件は一切ありません。唯一あったのは、フリーダムコンボイに反対している人々による暴力行為です。

私がバンクーバーで目撃したのは、先住民族の親子のようなふたりです。フリーダムコンボイに参加している車の前に立ちはだかり、車を持っていた棒で殴っていました。先述しました、"Residential School"（寄宿舎）問題で子どもの遺骨と〝思われるもの〟が発見された報道以来、バンクーバーのダウンタウンのど真ん中にある「バンクーバーアートギャラリー」は先住民族により占拠され続けています。そこにいるところを何度か見たことがある人たちでした。最も凶悪だったのがマニトバ州で、フリーダムコンボイに声援を送っていた人混みに車が突っ込み、3人がけがをする事件が発生。暴力的なのはいったいどちらなのか。

話を戻しまして、トルドー政権の態度はワクチン接種会場をフリーダムコンボイが襲撃するとでも言いたげなものでした。オタワ市内に警察によるチェックポイントが100か所以上設置され、重武装した警察が警戒し、首都の街並みはタリバンに支配されたアフガニスタンのように様変わり。

また、オタワ周辺のレッカー会社に強制的に協力させ、トラックを排除させられるようにもしました。政府の依頼にレッカー会社が従わない場合は、レッカー会社を逮捕することも可能。実はフリーダムコンボイをレッカー会社を使って強制排除しようとする試みは何度もありました。ところが、オンタリオ州内のレッカー会社はことごとく拒否。

本当かどうかはわかりませんが「従業員の半分以上がコロナで……」のような嘘をつきまくり、間接的にフリーダムコンボイを支持していたと言われています。2月7日から13日まで、オンタリオ州とアメリカのミシガン州を結ぶ「アンバサダー橋」の封鎖が起きていましたが、強制排除のためにアメリカ側からレッカー会社を呼ぶ事態になっていました。

そのレッカー会社ですが、その当時のGoogleマップ上の口コミ評価が〝☆1・7〟（最高☆5）で、フリーダムコンボイ支持者から〝☆1〟をつけまくる攻撃を受けたんだなと思ったのですが、口コミ投稿の日付を見たらフリーダムコンボイとまったく関係なく、シンプルにサービスの悪い低評価のレッカー会社でした（笑）。

緊急事態法と同時に〝Terrorist Financing Act〟（テロ資金規正法）も適用。フリーダムコンボイに対する仮想通貨を含む寄付・送金を禁止、違反者の銀行口座を裁判所の令状なしに凍結できるようにしました。口座凍結を実行する銀行の免責特権も付与し、民事訴訟リスクもなくしています。自動車保険、住宅ローンなどの凍結命令も出され、フリーダムコンボイに参加することができない環境をつくっていきました。

テロ資金規正法はタリバンやアルカイダのような国際テロ組織に指定されている組織・団体に適用されます。プロローグでも言及しましたが、トルドー政権は、自分に歯向かう自国民をタリバンやアルカイダと同列のテロリスト集団であると認定したのです。

フリーダムコンボイに1円でも寄付をした時点でその構成員と認定されていて、保守党議員が議会で言及したのが、ブリティッシュコロンビア州に住むシングルマザーが$50（約

5000円）を寄付しただけで、銀行口座が凍結されています。テロリストであると認定されたということです。

私もそうなっていたかもしれません。私もフリーダムコンボイに少額ながら寄付をしていたからです。カナダではキャッシュレス文化が浸透しています。私も普段は$20紙幣を1枚緊急用に持っているだけで、普段の支払いにはクレジットカードを使っています。現金しか受け付けないというお店はほとんど見たことがありません。

口座凍結をされると、そこに結びついているカードも使用できなくなり、現金引き出しもできなくなります。死刑宣告のようなものです。トルドー政権は自分に歯向かうものには容赦しません。まるで独裁国家。中国の習近平のようではありませんか。

■トルドー政権の言い分

トルドーと閣僚の会見、議会、インタビューでの言い分をまとめます。

まず、緊急事態法発表の会見では、主に各地で発生していた国境封鎖を理由にしていました。また、国境封鎖によるアメリカとの輸出入が止まることで、自動車関連工場等が操業停止に追い込まれる可能性があり、巨額な経済的損失があることをフリーランド財務大臣兼副首相は指摘。マルコ・メンディチーノ公安大臣は明確な暴力的な環境があることを理由に挙げ、警察からの要請を受け緊急事態法の必要性を確信したと証言。

さらに、レッカー会社の協力を得ることができなかったことも緊急事態法の必要性を裏付けていたと主張しています。ビル・ブレア緊急事態準備大臣は、フリーダムコンボイは海外の資金援助であるという強力な証拠を得ていると、海外勢力によるカナダ政府転覆を目論む安全保障上の脅威であることを強調。デービッド・ラメティ法務大臣兼司法長官は「外国資金が流入している」と、同じく海外の工作活動であると言及。

結論から言うと、すべてが嘘・曲解・誇張にまみれています。こんな大ホラ吹きのトルドー政権を未だに続けさせているカナダ人はアホなのかと呆れてしまうほど、滅茶苦茶な理由で強権を発動させていたのです。すべて論破していきます。

■国境封鎖解消に緊急事態法が必要だったという嘘

トルドーは国境封鎖解消のため、緊急事態法が必要であったと何度も言及しています。この国境封鎖は、合わせて4か所で発生していました（220ページの地図参照）。特にトルドー政権が言及しているのが、③のオンタリオ州ウィンザーとミシガン州を結ぶ「アンバサダー橋」

【国境封鎖のあった場所】

❶1月29日～2月15日：アルバータ州とアメリカモンタナ州間の国境
❷2月5日、12日～13日：ブリティッシュコロンビア州とアメリカワシントン州間の国境
❸2月7日～13日：オンタリオ州とアメリカミシガン州間の国境
❹2月10日～16日：マニトバ州とアメリカノースダコタ州間の国境

の封鎖。

自動車産業で有名なミシガン州デトロイトとカナダを結ぶ橋で、工業生産物の輸送量が多いため経済的損失が大きいとも言われていて、アメリカのバイデン大統領からもなんとかするように圧力がかけられていました。

ところが、日付をよく見てください。2月13日の時点で、国境封鎖は解消されていたのです。オンタリオ州のダグ・フォード州首相が11日に緊急事態宣言を出し、国境・道路封鎖に加担したものに最大1000万円の罰金、1年以下の禁固刑が科せられることなどが発表されました。

同時に、警察官を大量に投入し一部の抗議者を逮捕、交渉の末に抗議活動は終息していたのです。

②のブリティッシュコロンビア州の国境封鎖も緊急事態法が出る前に解消、①のアルバータ州と④マニト

バ州は、州首相が正式に「緊急事態法は不要である」と表明し、緊急事態法で付与された権限を使うことなく国境封鎖を解消させています。

「国境封鎖解消のために必要だった」というトルドーの言い分は真っ赤な嘘で、自分に反抗する抗議者を弾圧したかっただけなのです。

ちなみに国境封鎖を緊急事態法の理由として挙げていますが、カナダ政府のホームページにある緊急事態法の発動理由は"On February 14, 2022, the federal government declared a public order emergency under the Emergencies Act to end disruptions, blockades and the occupation of the city of Ottawa."（2022年2月14日、連邦政府はオタワ市の混乱、封鎖、占拠を終わらせるため、緊急事態法に基づく公序良俗の緊急事態を宣言した）と、どこにも国境封鎖のことに言及されていません。

再度になりますが、緊急事態法の発動条件は、重大な国家安全保障リスクがあり、州・準州政府が対応できず、既存の法で対応できない場合に限ります。

■巨額な経済損失の嘘

国境の封鎖をしたことで、物流網がマヒ、莫大な経済損失が発生することは経済安全保障上

【2022年2月の越境交易量】

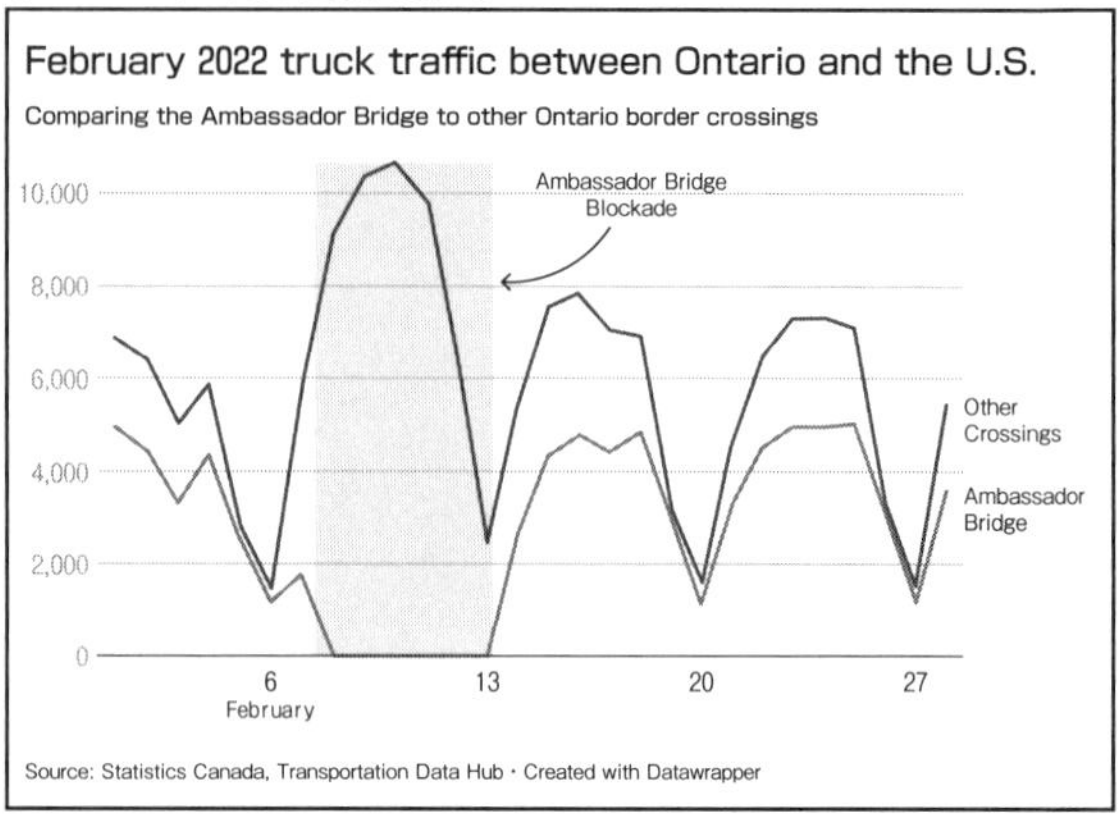

出典：https://globalnews.ca/news/8770775/border-blockades-trade-impact-data/

の緊急事態であると言われました。これも嘘です。

フリーランド財務大臣兼副首相は「1日390億円の経済損失が発生している」として、カナダ・アメリカ両国に深刻な経済損失を与えると言及。ところが2022年4月26日『Global News』がカナダ統計局のデータを基に「国境封鎖による経済的損失はほとんどなかった」と報じました。大規模な国境封鎖のあったオンタリオ州・アルバータ州の2022年2月の越境交易量は、前年同月比でむしろ16％増加していたのです。

そもそもフリーランド財務大臣の言った「390億円」という数字はどこから来たものかというと、おそらくアンバサダー橋の公式サイトで「1日400億円相当の物流がある」から来ていると思われます。

アルバータ州の国境封鎖のあったクーツは1日44億円相当の物流量です。

【ブルーウォーター橋とアンバサダー橋の位置関係】

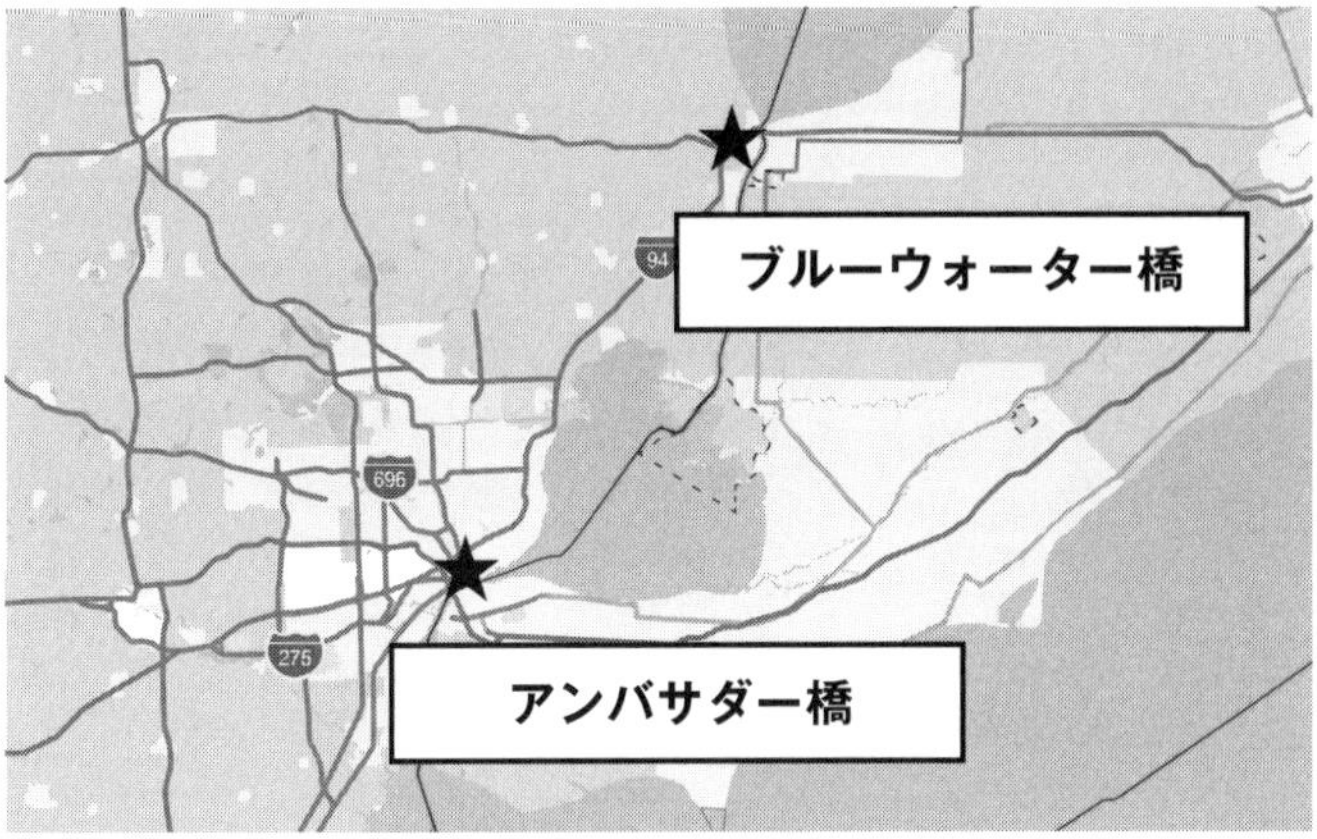

そこが通れなくなると、そのまま経済損失になるという論理ですが、小学生レベルの思考であることはわかりますでしょうか。

国境は他にもあるのです。カナダ・アメリカ間の国境は2カ国が共有している国境線としては世界最長です。国土面積もカナダ世界2位、アメリカ世界3位。そんな広大な国の国境が各州に1か所だけなわけがありません。

国境封鎖のあった最初の数日間は、運送会社は戸惑ったそうですが、別ルートで近くの国境を経由し、物流網に問題はありませんでした。

たとえば、アンバサダー橋が封鎖されていても、ブルーウォーター橋を経由すれば、15分程度の余計な時間はかかりますが問題なくカナダとアメリカを行き来できます。

野菜や果物の農産物のような日持ちしないものは、

【オンタリオ州のアメリカからの輸入量の変化】

February trade between Ontario and U.S. by category

Top 10 trade categories based on aggregate import and export values

Category	February 2022	February 2021	Growth
All goods	$28,089,195,000	$26,482,433,000	6%
Vehicles, aircraft, and vessels	**$7,050,552,000**	**$7,618,486,000**	**-7%**
Machinery and electrical equipment	$4,623,419,000	$4,149,928,000	11%
Base metals	$2,870,994,000	$2,337,244,000	23%
Chemical products	$2,585,819,000	$2,282,181,000	13%
Plastics	$2,122,223,000	$1,772,800,000	20%
Prepared foodstuffs	$1,741,368,000	$1,514,434,000	15%
Art and collectors items	$1,200,728,000	$1,049,991,000	14%
Mineral products	$1,197,754,000	$869,067,000	38%
Jewellery and precious gems	**$892,846,000**	**$1,493,358,000**	**-40%**
Miscellaneous articles	$687,994,000	$584,897,000	18%

Source: Statistics Canada, Merchandise Imports and Exports · Created with Datawrapper

【アルバータ州のアメリカとの取引量の変化】

February trade between Alberta and U.S. by category

Top 10 trade categories based on aggregate import and export values

Category	February 2022	February 2021	Growth
All goods	$13,861,129,000	$9,651,920,000	44%
Mineral products	$10,926,792,000	$7,263,190,000	50%
Chemical products	$486,395,000	$368,288,000	32%
Plastics	$480,979,000	$380,780,000	26%
Machinery and electrical equipment	$398,764,000	$379,597,000	5%
Wood	$318,384,000	$269,480,000	18%
Live animals and animal products	$303,451,000	$226,541,000	34%
Vegetable products	$177,421,000	$107,179,000	66%
Prepared foodstuffs	$168,320,000	$166,902,000	1%
Vehicles, aircraft, and vessels	$165,185,000	$96,451,000	71%

Source: Statistics Canada, Merchandise Imports and Exports · Created with Datawrapper

数日のタイムロスで売り物にならなくなってしまう危険性がありましたが特に問題は報告されず、前年同月比で野菜の流通量はオンタリオ州で＋7％、アルバータ州は＋66％でした。

経済損失の懸念がカナダ経済を揺るがすようなものとはとうてい言えないものだったのです。

■明確な暴力的な環境にあるという嘘

マルコ・メンディチーノ公安大臣は、フリーダムコンボイが危険集団であると何度も言い、レイプ魔がいるだの、通行人を暴行・脅迫をしただの、ホームレスを襲撃しただの、ないことないことを言い続けました。

2月14日、アルバータ州の国境封鎖が発生していたクーツで、大量の拳銃や猟銃などの武器・弾薬がトレーラー内から発見され、4人が逮捕されました。警察の発表によると、警察官を殺害することを計画していたということです。

私自身、つい最近までこの武器が発見された場所は〝国境封鎖現場〟だと思っていました。ところが、発見現場は近くの庭に停めていたトレーラーの中だったのです。逮捕された4人は白人至上主義者で、「アメリカスタイルのミリティア（民間軍事組織）」と呼ばれる団体のメンバーだと報じられています。

逮捕された４人の裁判資料は公開禁止命令が出ているため、まったく情報が出てきませんが、ひとりの女性が重要な発言をしています。彼女の名前はジョアン・パーソンズ。２０２３年１月に不起訴処分が出るまで、武器の違法所持の容疑をかけられていましたが、実は武器のあったトレーラーはパーソンズの敷地内にあったのです。

パーソンズは２０２３年にフリーダムコンボイから1年経過に合わせて開かれた集会で演説、警察により仕組まれていた可能性を示唆しています。真偽は定かではありませんので深掘りはしませんが、逮捕直前に何やら不穏な動きがあったようです。

メンディチーノ公安大臣はこのクーツの件を取り上げ、フリーダムコンボイ〝全体〟が過激集団であり、国家転覆を目論んでいると主張したのです。

これは左翼の常套手段なのですが、一部の人間の問題・不祥事を組織・団体全体のものに誇張します。現保守党党首のピエール・ポイリエーブル（フランス語発音はポワリエーブル）も、フリーダムコンボイに関する偏向報道をするメディアに対して指摘しています。

1月27日、フリーダムコンボイの首都到着を目前に控え、記者団からフリーダムコンボイに関するコメントを求められたのですが、偏向メディアがぐうの音も出ないことを言い放ちました。「左翼団体がどんな抗議活動をしても騒がないくせに、逆（右翼・保守系）が同じ抗議活動をしたら、その一部を切り取り、組織・団体全体を批判するのは何なんだ」「CBC（カナダ公営放送）の職員が差別発言をしたからと言って、CBC全体が差別団体とは言わないだろ」と、左翼メディア（カナダのほぼすべての主要メディア）の矛盾を突きました。

アルバータ州クーツに危険人物がいたのかもしれませんが、それはクーツの話であり、他のフリーダムコンボイの活動場所とは無縁のものだったのです。

オタワにフリーダムコンボイが集結した初日と2日目だけナチス旗や過激思想の旗を掲げている人が確認されています。

目撃された場所はフリーダムコンボイ対策として集結していた警察の駐屯地になっていたホテルのテラス、ホテルのすぐ近くにある公園、さらに大勢の人混みの中で銀行強盗にでも行くのかというような覆面に偏光グラスのゴーグルをつけフードを被った正体不明の大男が旗を持ち練り歩き、何度もカナダ国民党党首に近づこうとし、フリーダムコンボイ参加者から追い出されていました。多くても片手で数えられる程度の人が持っていた旗ですが、トルドーをはじめ閣僚、自由党、新民主党、メディアはこぞって「フリーダムコンボイは過激思想集団」とフリーダムコンボイ全体のレッテル貼りをする根拠にしていました。

ちなみに、公園で掲げられたナチス旗の写真ですが、撮影角度的に警察が駐屯していたホテルの前にある階段から撮影されたものでした。ところが、その場所は警察により立ち入り禁止区域になっていて、一般人は立ち入ることができませんでした。ちなみにそのホテルはカナダ政府がフリーダムコンボイ参加者への嫌がらせとして強制予約キャンセルをさせ、政府が借り切って警察の駐屯地にしていたのです。

■警察からの要請という嘘

マルコ・メンディチーノ公安大臣は常に嘘がバレて炎上し続けていることで有名な人物です。カナダ炎上大臣と言っていいかもしれません。公安大臣の前は緊急事態準備大臣でしたが、常に自分が緊急事態になっています。

トルドーも含め、緊急事態法は警察からの要請だったと主張していました。メンディチーノ公安大臣は警察を管轄しているため、彼が言うのであれば、その通りだと思われていました。ところが、これも嘘だったのです。緊急事態法は政府に強力な権限を付与する法律の為、発動後360日以内に調査委員会を開き、報告書をまとめることが義務付けられています。

2022年10月13日~11月25日の6週間にわたって公開調査委員会が開かれ、トルドー首相をはじめとする閣僚やオンタリオ州、オタワ市の高官、警察関係者、諜報機関関係者など、重要参考人65人が宣誓証言しました。警視総監、オンタリオ州警察、オタワ警察、ウィンザー警察（アンバサダー橋管轄）は全員口を揃えて「緊急事態法は必要なかった」と証言しました。

メンディチーノ公安大臣は、裁判所に日付を捏造した証拠を提出するくらいの男ですから、警察からの要請だったという嘘はついて当然かもしれませんね。

■レッカー会社の協力を得るためという嘘

トルドー首相、メンディチーノ公安大臣という嘘つきコンビは「首都オタワを占拠しているトラックを強制排除するため、緊急事態法を使ってレッカー会社に命令できるようにする必要があった」と言います。これも嘘です。

公開調査委員会でオタワ警察副署長代行は「緊急事態法の発表があったとき、レッカー車が首都に向かっていた」と、実は協力を得ることができていたのです。先述の通り、アンバサダー橋の封鎖は前日に終わり、オタワ市内のトラックは移動を開始していました。彼らの言う強制力の必要性は一切なかったのです。そもそも。レッカー車を使うために緊急事態法を使ったというのは、いくらなんでも理由としてしょうもなさすぎて恥ずかしくないのでしょうか。

■海外の資金援助であるという嘘

フリーダムコンボイには10億円以上の寄付が2回集まりましたが、これを「海外からの資金援助だ」という主張がトルドー政権や左派メディアの中でされました。トルドーは「50％はアメリカからのものだと聞いている」と言っていましたが、これも嘘です。

下院公安委員会に寄付サイトGoFundMeのCEOが召喚され、10・5億円のうち約88％がカナダ国内からの寄付であり、海外からの資金援助があったとは言えないことが明らかになったのです。この当時、世界中でワクチン未接種者に対する非科学的な差別政策がされていて、カナダ政府に立ち向かったフリーダムコンボイを多くの人々が応援をしていました。

ですから、12％ほどはカナダ国外からのものですが、影響力工作のための海外資金援助ではなかったのです。

マネーロンダリングやテロリストなどの組織・団体の資金送金を監視しているFINTRAC（金融取引分析センター）の副長官は2月10日に「イデオロギーに基づく暴力的過激主義ではない」「不審な決済取引は検出されていない」と、海外からの不審な送金はなかったとし、2月25日に「フリーダムコンボイに集まった寄付は、テロリストやマネーロンダリングのような犯罪性のあるものではない」「コロナ（の規制）に怒った世界中の人々が、単に応援したかっただけだ」と、トルドー政権や左派メディアの言い分を真っ向から否定。

カナダ連邦警察の金融犯罪部門長官は3月7日の財務委員会の証言でテロリストによる資金流入は確認されていないことを認めています。

CSIS（カナダ安全保障情報局）もトルドー政権に2月6日に海外からの悪意のある資金流入はないと報告していたことが明らかになっています。日付に注目すると、いかにトルドー政権が滅茶苦茶な妄想を拡散していたかわかると思います。FINTRACもCSISも緊急事態法を使う前の時点で、海外からの資金流入を否定していたのです。

しかし、ラメティ法務大臣兼司法長官は「CBCの報道で外国資金の流入が指摘されていたことは、緊急事態法の根拠のひとつだった」と話していて、政府の専門機関ではなく、バイアスにまみれた嘘つきメディアを根拠に、自分たちに歯向かう勢力を弾圧していました。

ここまで見ていただいてわかる通り、一時的に憲法で保障されている国民の権利を制限する緊急事態法は、発動要件を満たしていたとはまったく言えなかったのです。

■公開調査委員会でわかったこと

緊急事態法が適切に使われたのかを調査する公開調査委員会は2022年10月13日から11月

25日に開かれ、50人の政府関係者を含む65人の関係者が証言しました。

すべてを書くことはできませんが、一部を紹介します。トルドー政権が民主国家の政府ではないことがよくわかると思います。

●3日目：オタワ市マネージャー、オタワ市長主席補佐官

「2月13日の時点で、フリーダムコンボイとオタワ市の間で交渉がまとまり、トラックの移動が始まっていた」

「2月13日の時点で、トルドー政権のメンディチーノ公安大臣とブレア緊急事態準備大臣は交渉のことを知っていた」

●4日目：オタワ市長

「緊急事態法の要請はしていないし、事前通達もなかった」

●5日目：オンタリオ州警察課報分析官

「緊急事態法の発動要件である国家安全保障リスクはなかった」

「アンバサダー橋の国境封鎖は国家安全保障リスクの要件を満たしていなかった」

「フリーダムコンボイの犯罪行為の報告はどこからもない」

●6日目：オタワ警察副署長代行

「抗議活動と不法占拠の境界線はよくわからない」（気づけば不法占拠と呼んでいた）
「緊急事態法が使われる前に2台のレッカー車がオタワ警察の要請に従い、向かっていた」

●7日目：オンタリオ警察警視長

「緊急事態法の要請をしていない」

「緊急事態法は役に立ったが、あってもなくても警察の計画に影響はなかった」

「緊急事態法がなくともレッカー会社は協力してくれた」

カナダ政府弁護士（トルドー政権を全力擁護する立場）が「抗議者排除の際に死者・けが人が一切出ていませんよね？」の問いに対し、「死人は出ていないが、大けがをした人はいた」（詳細は後述します）と、トルドー政権が隠したい事実を暴露。

●8日目：オタワ警察署長代行

「緊急事態法がなくとも問題解決できる計画があり、それを実行する直前に緊急事態法が使われた」

「“Violence”（暴力）という言葉を使ったが、刑法上の定義ではなく、住民の感情を表す言葉だ」

（何を言っているのかよくわからないと思いますが、この署長代行はフリーダムコンボイを心底嫌っている強硬派と呼ばれていたので、事実と感情がごちゃ混ぜになった結果、意味不明なことを言っているのだと思います）

「フリーダムコンボイはオンタリオ警察諜報分析の通り、極めて合法的で平和的なものだった」
「フリーダムコンボイにカナダ総督邸を襲撃する計画があったというのはデマ」

●10日目：オタワ警察警視正

「緊急事態法は必要なかった」
「警察上層部で追加の法的ツール、法的権限（＝緊急事態法）が必要とは誰も思っていなかった」
「2月13日の時点で、既存の州法・連邦法で解決できる計画を立てることができていた」

●11日目：カナダ連邦警察警視総監のテキストメッセージが公開

警視総監はトルドーが指名したブレンダ・ラッキー。公開調査委員会では、参考人の証言だけでなく、テキストメッセージ・メール・各種文書が事前に委員会担当者に提供されています。ラッキー警視総監がオンタリオ警察警視総監にテキストで「カナダ軍を連邦警察に紛れこませることはできないか」と軍隊を投入して、フリーダムコンボイを鎮圧することが検討されていたことが発覚。

ちなみに、カナダ軍特殊部隊対テロ生物化学核兵器対応チーム所有の偵察機がオタワ上空を旋回していたことが明らかになっています。盗聴・高解像度撮影が可能な紛争地域で使用される機体で、カナダ軍報道官は「訓練だった」と事実を認めている。〝偶然〟にも、1月28日、29日、2月3日、10日、11日と、フリーダムコンボイが集結した日に訓練が始まっています。仮に訓練でなく、フリーダムコンボイの情報収集が目的だった場合は、国家防衛法に基づき、政府の特別な許可が必要となります。

●11日目：オンタリオ警察警視総監

「フリーダムコンボイは国家安全保障上のリスクの定義に当てはまっていない」

「緊急事態法は便利なツールだった」

●12日目・13日目：元オタワ警察署長（2月15日に辞任）

「メディアのまったく正確でない誤情報が現場警察のモラルに悪影響を与え、間違ったバイアスを与えた」（フリーダムコンボイは悪というバイアス）

「2020年の警察予算削減ムーブメントで現場警察は疲弊している」（アメリカのBLM暴動が、なぜかまったく関係ないカナダでも警察予算削減運動に繫がりました。社会正義マンおそるべし！）

「破壊・暴力活動による政府転覆の危険性・諜報分析はなかった」

●13日目：トルドー首相スタッフのテキストメッセージ

トルドー首相スタッフがメンディチーノ公安大臣スタッフに「フリーダムコンボイが〝過激主義〟であるという物語をつくるべき」とテキストメッセージを送っていたことが発覚。

さらに、「カナダ版1月6日事件のようにするのはどうか」という陰謀めいたやりとりだった。

●18日目：CSIS（カナダ安全保障情報局）課報分析報告書と議事録が公開

緊急事態法を発動する前日の2月13日CSISは「国家安全保障上のリスクはない」と分析した報告書をトルドー政権に提出、「緊急事態法を使うことにより、暴徒化する危険性がある逆効果」と閣僚に警告していた。

●18日目：ウィンザー市長、ウィンザー警察副署長代行（アンバサダー橋）

「緊急事態法は必要なかった」

●19日目：トルドー首相とフォードオンタリオ州首相の電話議事録が公開

トルドー「フリーダムコンボイは賢くない連中」（＝馬鹿の集まり）

トルドーが何度もフォード州首相に、警察に〝直接命令〟をしてフリーダムコンボイを即時取り締まるように要求。フォード州首相は「警察の法執行に口出しすることは違法行為（越権行為）だ」と何度も拒否。トルドーは典型的な現代の左翼思想の持ち主で、法を遵守するつもりがありません。

●21日目：オンタリオ州副主任法務官

「オタワ警察、オンタリオ警察は暴力の脅威はないことで合意していた」

●21日目：アルバータ州副主任法務官補佐官

「クーツの国境封鎖解消に緊急事態法で付与された権限は一切使っていない」

●22日目：元公安副大臣

「CSIS（カナダ安全保障情報局）から2月13日に国家安全保障リスクはないという報告を受けていた」

「CSISは〝合法的な抗議活動〟の捜査はできないと、フリーダムコンボイに対する捜査を拒否していた」

●23日目：連邦警察警視総監

「緊急事態法の要請は警察からはなかった」

「緊急事態法の要請はしていない」

2月13日にラッキー警視総監がメンディチーノ公安大臣に「警察はまだ対応策を持っている」「既存の法の範囲内で対応が可能だ」と、緊急事態法の必要性がないことを前日に伝えていたことも明らかにされた。

●24日目：カナダ入国管理局

「緊急事態法の要請はしていない」

「どの会議でもフリーダムコンボイを国家安全保障リスクと定義する機関・警察はなかった」

●25日目：トルドー首相の国家安全保障補佐官

メールでは「フリーダムコンボイは国家安全保障上のリスクだ」と言及していたが、根拠になる諜報分析は「なかった」と認めた。

●26日目：枢密院事務員

「緊急事態法の法的要件と意見文をまとめた」

「法執行機関の脅威分析は考慮しておらず、緊急事態法の発動後に根拠を探したが、今も見つかっていない」

「閣僚はCSISが国家安全保障上のリスクがないと報告していることを知っている」

この日は、2月13日に国家安全保障諜報アドバイザーの作成した文書で「フリーダムコンボイは平和的で、政府の活動への影響は限定的」と書かれたものが、閣僚に渡されていたことが明らかにされた。

●27日目：CSIS（カナダ安全保障情報局）長官

「2月13日に国家安全保障上のリスク要件を満たしているとは言えないが、緊急事態法の発動を提案した」

●28日目：メンディチーノ公安大臣

「フリーダムコンボイが国家安全保障上のリスク要件を満たしていないことを知っていた」

「緊急事態法の発動を法執行機関は支持してくれたと思うし、緊急事態法がなければできないことを警察は要求していたと思う」

メンディチーノ公安大臣は「警察の要請があった」と言っていましたが、警察の気持ちを推測したというような話に変わっているのがわかると思います。

他にも、「諜報関係者がフリーダムコンボイは国家安全保障上のリスクに該当すると助言した」と言いましたが、具体的に誰かは明らかにしませんでした。

公開調査委員会開催前に様々な内部文書が公開されていて、その中には公安省のフリーダムコンボイに関する内部文書もありました。1月29日から2月14日までに6つの文書があり、1月29日「問題なし」、2月1日「暴力はない」、2月6日「政府機関に影響はない」、2月10日「議事堂付近の人は減っているので問題はない」、2月11日「現場は安定していて問題はない」、2月14日「暴力はなく、平和的」「政府職員のほとんどはリモート勤務のため、特に影響は出ていない」というものでした。

●29日目：ラメティ法務大臣兼司法長官

2月3日のラメティ法務大臣兼司法長官とメンディチーノ公安大臣とのテキストメッセージのやりとりが公開されました。

ラメティ→メンディチーノ「警察を動かせ」「必要であればカナダ軍を使え」
メンディチーノ→ラメティ「戦車は何台必要？」
ラメティ→メンディチーノ「防衛大臣にどれだけ使えるか聞いてみる」

ラメティは友人同士のジョークだったと釈明しました。

後述しますが、緊急事態法は2月23日に撤回されましたが、その理由をラメティ法務大臣兼司法長官は「新民主党（NDP）と上院議会の反対の可能性が浮上したため」と、国家安全保障上の脅威がなくなったからではなく、政治的な理由で緊急事態法を取り下げたことを認めました。

●30日目：フリーランド財務大臣兼副首相

カナダの大手銀行CEOとのミーティングの内容が明らかにされ、名前は伏せられていますが、とある銀行のCEOに「フリーダムコンボイをテロリスト認定してくれると、口座凍結はやりやすい」と提案されていたことが明らかにされた。

一方で「銀行システムを政治的に利用されることに懸念を持っている」「政府の手先と思われてしまう」というまともなCEOもいました。このCEOはフリーダムコンボイに理解を示しているようで「カナダ国民の90％近くがワクチンを接種している」「それなのにカナダはOECD（経済開発協力機構）の中で最も厳しい規制を続けている」「パンデミック後の話をするべきであり、いつになったら規制を緩和するのかの道標を示すべきではないのか」と苦言を呈していました。

●最終日：ジャスティン・トルドー首相

最終日はついにトルドーの登場です。

まず、2月13日に連邦警察トップの警視総監が承認した首都オタワの抗議活動解消戦略は「不十分で信用できなかったので、緊急事態法を使うことを決めた」と証言しました。ところが、警視総監が承認した戦略書を見たかと尋ねられ、「見ていないが、話を聞いた」と答えました。前代未聞の強権発動をしたにもかかわらず、その前に用意されていた治安維持の専門家チームが作成した戦略を見もしないで〝不十分〟と決めつけていたのです。

また、政府高官の中に緊急事態法をためらうものは誰もおらず、「合意があった」そうです。さらに、「抗議活動により公共政策を変えようとする試みは〝Worrisome〟（やっかいな）ものだ」とも発言。

ところが、翌週には中国各地で発生したコロナ規制の緩和を求める抗議活動を「支持する」と発言し、自国で自分への抗議活動は民主主義的でないとしているダブルスタンダードに批判の声が出ました。

かなり長くなりましたが、まとめますと、警察も諜報機関も緊急事態法を必要としていなかったし、要請していなかったが、トルドー政権の暴走で緊急事態法を使うことになったのです。国民の権利を制限する場合、合理的な理由がなければなりません。それが民主国家の原則です。トルドー政権はこの大原則を破っていたのです。しかもその理由が、自分たちに従わない奴らと話をしたくなかったから。

2月13日にオタワ市がフリーダムコンボイと対話をする可能性が浮上したことで、それを潰すためにやったと考えて間違いないでしょう。まさに独裁国家ではないでしょうか。


公開調査委員会は2023年2月17日に2092ページにも及ぶ事後調査報告書を公開。トルドー政権の緊急事態法発動は「合理的なものだった」と結論を出しました。あれだけ散々関係者が「緊急事態法は必要なかった」「フリーダムコンボイは脅威でなかった」と言っていたにもかかわらず、トルドー政権の主張を全面的に支持する結論が出されたのです。

この結果は想定通りでした。公開調査委員会委員長に指名されたのはオンタリオ州裁判官のポール・ルーロー。自由党に政治献金をしたことがあるだけでなく、自由党首相秘書の経歴を持つトルドー寄りの人物で、ルーロー裁判官を委員長に指名したのはトルドーでした。

ルーロー裁判官の問題行動は公開調査委員会の審議中にも明らかでした。トルドー政権は公開調査委員会に緊急事態法の法的根拠になった内部資料の公開を徹底拒否していました。理由はフリーダムコンボイに緊急事態法を適用した根拠を公開するのは「国家安全保障リスクがあり、閣僚機密だから」です。

適切な緊急事態法の使用だったかを吟味するためになくてはならない最重要証拠ですし、戦争を起こしたとか、他国リーダーの暗殺命令を出した指示書じゃあるまいし、公開できないわけがない。

公開できない理由はシンプルで、まったく法的根拠がなかったけれども、自分に反抗する国民を弾圧するために緊急事態法を使ったことがバレてしまうから。ルーロー裁判官はそのトルドー政権の証拠隠しを手助けしたのです。

■一斉逮捕が始まった

2月14日の緊急事態法発動後、フリーダムコンボイに参加する人々に対する徹底弾圧が始まりました。まずは銀行口座の凍結。そして、フリーダムコンボイのリーダーたちが続々と逮捕されました。

重武装した警察が集結、抗議者を逮捕していきました。現場にいたジャーナリストも逮捕・警察に攻撃を受け、たとえばニューヨークから来ていたフォトジャーナリストのアレックス・ケントは、無抵抗の抗議活動者を逮捕する警察の姿を撮影していたところを逮捕されました。カナダ保守系メディア『True North』のアンドリュー・ロートンは警察にペッパースプレーの攻撃を受けました。『Rebel News』のアレクサンドラ・ラボイは警察が発砲した催涙弾が脚に直撃。全員決して警察に危害を加えるようなことも、抗議活動を煽るようなこともしていません。カナダの主流メディアが報じない、現場の状況を報道していただけなのです。

警察の輪の中に引きずり込まれ、ボコボコに殴る蹴るの暴行を加えられた人。警察にトラックを取り囲まれ、ライフルを突きつけられ、トラックから引きずり出された人。最前線に騎馬警察が投入され、フリーダムコンボイ参加者を蹴散らしていきました。その中には歩行器を使う高齢女性もいて、馬に踏みつけられた結果、肩の脱臼などの大けがを負い、入院することになった人もいます。

平和なイメージのあったカナダは崩れ去り、ジャスティン・トルドーに従うものには幸せな日常が、従わないものには警察権力を使った弾圧を受けることになってしまいました。私を含め、多くの人々がフリーダムコンボイに希望を託していました。その希望が、崩れ去っていくところを見せつけられたのです。あの時の今まで味わったことのない絶望感は決して忘れることができません。オタワだけで１９１人が逮捕され、１１５台の車両が押収され、２００人以上の銀行口座が凍結されました。

■誤情報という名の誤情報

カナダ警察による無抵抗な市民に対する過剰な対応を、警察・カナダメディア・左翼は全力で〝誤情報〟として揉み消そうとしました。

たとえば、警察がライフルを突きつけ、窓を割って、トラックの中にいた人を引きずり出したところはしっかりと写真・動画が残されています。『ニューヨーク・タイムズ』はツイッターに「カナダ警察が銃口を突きつけ、抗議者を逮捕」と投稿。

これに対し、『CBC』や『Global News』は「正確に報道しろ」「とんでもない危険な誇張だ」として『ニューヨーク・タイムズ』の投稿は間違っていると指摘。『ニューヨーク・タイムズ』の契約を解除するように呼びかける人も出る始末。真実を報じる責務を忘れた、自分たちにとって都合の良い情報だけを人々に信じ込ませたい左翼のプロパガンダ機関であることを露呈しています。また、高齢女性が騎馬警察に踏みつけられたところもしっかり動画で残されています。

しかし、オタワ警察はツイッターに「フリーダムコンボイ参加者が警察に自転車を投げ込んだ」「誰もけがをしていない」「女性が倒れているのはフォトショップで加工されたものだ」と、根も葉もないことを主張。すべて嘘です。

他にもオタワ警察は「フリーダムコンボイ参加者が警察の武器を奪い暴れている」「フリー

ダムコンボイ参加者が犬を襲撃している」「フリーダムコンボイが警察に催涙弾を投げ込んでいる」という、真っ赤な嘘を並べてもいます。

オタワ警察署長代行はすでに帰宅をした参加者について「フリーダムコンボイに関与したものは、どれだけの時間がかかろうが経済制裁・起訴、あらゆる手段を使い、何が何でも追及をする」と、治安維持ではなく、意見の違うものへの私的な憎悪や怒りをあらわにしています。

■緊急事態法の撤回

緊急事態法は発動後に上院（元老院）と下院（庶民院）の過半数の賛同を得る必要があります。2月21日、下院議会は連立与党の自由党と新民主党（ＮＤＰ）の賛成多数で緊急事態法の発動が支持され、30日間の延長が決まりました。

カナダの上院議員は選挙ではなく、首相の指名で選ばれます。選挙で選ばれている下院議会と違い、民意の反映があまりされていないという特徴から、下院を通過した法案や決議案が否決されることはほとんどありません。

2月21日時点でフリーダムコンボイの鎮圧は完了していましたが、トルドー政権は「安全のために必要」として、延長を決定しました。ところが2月23日になり、突如として緊急事態法は撤回されました。トルドーは会見で「緊急事態ではなくなり、既存の法で対応が可能になったため」と説明しましたが、それだったら21日に延長に賛成する意味がわかりません。本当の理由はトルドー自身が緊急事態だったからです。

4月21日、権利自由章典成立40周年イベントでトルドーが指名した上院議員マリルー・マクフェドランが緊急事態法の裏側を暴露しました。上院議会で「相当数の緊急事態法撤回要求があった」ことを認めたのです。

緊急事態法は下院議会で過半数の賛同を得ることができましたが、実はトルドー率いる自由党の内部は割れていました。公の場で反対表明をした議員もいたのです。先述の通り、上院議会は下院議会を通過した法案や決議案を否決することは滅多にありません。その大変珍しいことが上院議会で起きようとしていたのです。

仮に上院議会で否決された場合、それは上院議会から「暴走している」と言い渡されているようなもの、トルドーに対する退陣要求が出てくることは間違いなかったでしょう。ですから、先手を打ってトルドーは緊急事態法の取り下げを宣言したのです。

マクフェドラン上院議員はこのイベントで重要な指摘をしています。「権利自由章典の認識向上だけでなく、より深く、より強い権利に関する教育が必要だ」「学校教育だけでなく、社会全体にするべきだ。自分の持つ権利を知らなければ、自分の権利を守ることはできないからです」と、当たり前のようで、非常に重要なことを話しています。

どこの国でも学校教育で憲法を学びます。日本では社会の公民分野として中学3年生で学びますが、ほとんどの生徒はテストで点を取るために勉強をします。自分がどのような権利を持っているかなど考えることはほとんどないでしょう。なぜならば、日常で享受している権利が当たり前すぎて深く考えるきっかけがないから。

その国の国民として生きていくため、どのような権利が保障されているのかを学ぶことは非常に重要なことだと思います。私はコロナパンデミックを理由にして生きていく上での権利の制限を政府から受け、〝痛み〟を感じ、初めて〝権利〟というものを真剣に考えるようになりました。

■緊急事態法をどう報じたか

カナダの主要メディアのほとんどはフリーダムコンボイに否定的でした。

それだけならまだマシですが、『CBC』や『Toronto Star』のように、ロシアがバックについているとか、海外勢力の工作だとか、存在しない警察関係者をでっち上げてフリーダムコンボイが武装していると報じたりと、やりたい放題でした。

ところが、2月14日の緊急事態法を起点に報道姿勢がガラッと変わります。『CTV』は「緊急事態を探すための緊急事態法の発動だった」と報道、『Toronto Star』は「本当に必要な法だったのだろうか」と疑問を呈し、『The Globe and Mail』は「フリーダムコンボイは本当に前例のない緊急事態だったのだろうか」と緊急事態法を使ったことは過剰反応だったのではないかと報道していました。

『CBC』はコメディ番組『This Hour Has 22minutes』の公式ツイッターに緊急事態法をネタにする動画を投稿。内容は国税庁の脱税追及、職場で解雇通知、彼女に別れを告げられたときに、小太りの男性がそれぞれ「緊急事態法を発動する」と宣言するもので、つまり、困ったら何でも気軽に緊急事態法に頼ってしまおうというものです。トルドーが緊急事態法の発動を決めたことを非難する動画であると思っていいのではないでしょうか。

あれだけ散々トルドーの肩をもっておきながらの見事な掌返しをした主流メディアですが、緊急事態法の発動はさすがに庇いきれないものだったようです。

しかし、正常なメディアであればトルドー政権の責任追及の報道を続けますが、そのようなことはありませんでした。単なるガス抜きをしただけに見えなくもありません。

■世界の反応

前代未聞の緊急事態法の発動は、世界から注目を集めました。合わせて4つの反応を紹介します。

①ウォール・ストリート・ジャーナルの報道

『ウォール・ストリート・ジャーナル』は〝Trudeau's Destructive 'Emergency'〟（トルドーの破壊的な緊急事態）と題した記事で「緊急事態法を使うことなく事態の収拾はできたはずだ」と指摘。「〝ピーナッツを大槌で割った〟と非難された父の過ちを繰り返したようだ」と、オクトーバークライシスの対応に戦時特措法を使った父ピエール・トルドーと同じく、過剰反応をしたとトルドーを批判しました。

②中国の反応

カナダは民主国家を自称し、中国政府の香港民主化デモ弾圧を厳しく糾弾していました。在カナダ中国大使館はツイッターでトルドーの緊急事態法発動を厳しく非難。「カナダ政府は抗議者を民主主義の脅威と呼び、ペッパースプレー・閃光弾・警棒を市民に使った。2019年香港で〝暴徒が警察を襲撃した際に〟カナダは暴徒側につき、〝人権の為に立ち上がる〟と叫んでいた。香港は人権問題で、カナダは民主主義の脅威と呼ぶそのダブルスタンダードは受け入れられない」

読者のみなさまはきっとこう思ったでしょう。「いや、お前が言うな」と。「香港で暴徒が警察を襲撃～」という辺りは賛同できませんが、中国側の指摘はまっとうではないでしょうか。

③インドの反応

2020年9月末にインドで新農業法が成立。これに怒ったインドの農家が大規模な抗議活動、そこに宗教問題も絡み、2020年末までに2億人が参加する前代未聞の規模の抗議活動が発生していました。

死者750人超、数千人のけが人、道路の封鎖、1600以上の電波塔の破壊、警察・政府車両の破壊が発生していました。カナダには多くのインド移民が住んでいるのですが、このときトルドーは「抗議活動を支持する」と、死者・けが人0、子どもやホームレスをもてなし歌って踊ってホッケーをしていたフリーダムコンボイと真逆の反応をしていました。そして、「インド政府は抗議者と対話をすべきだ」と主張していました。

元ポーランド、スーダン、アルメニアのインド大使だったディーパック・ヴォーラは「トルドーはどこに逃げた」「2020年11月に、我々に抗議者とどう向き合うべきか言っていたではないか」とフリーダムコンボイと対話をしないトルドーを非難しました。インドに謝るか、フリーダムコンボイに謝るか、どちらかしていただきたいものです。

④EU議会の反応

トルドーは2022年3月、NATO・G7首脳会談のため、ベルギーを訪問。ここで放送事故と言ってもいいレベルで、ボロカスにEU議会議員に非難されました。

トルドーはブリュッセルのEU本会議場で演説をしたのですが、ロシアのウクライナ侵攻と民主主義の脅威に触れ、カナダのフリーダムコンボイを「利己的なポピュリスト」と批判しました。海外に行ってまで悪口を言うとは。このトルドーの演説ですが、議場がすっからかんでした。てっきりコロナ規制で人数制限があるのかと思ったのですが、その後のEU議会議員の演説のときには満席になっていたので、ボイコットだったのではと言われています。

その後、4人のEU議会議員から強烈な洗礼を受けることに。ひとりは非難声明を出して出席拒否、残りの3人はトルドーを直視し、カナダで弾圧を受けた私たちの代弁をしてくれています。

ルーマニア選出クリスチャン・テルヘス議員は出席を拒否、声明でその理由を説明しています。「基本的権利を求める自国民を踏みにじるあなたがEU議会に来て、ロシアのプーチン大統領に民主主義とは何たるかを説くことはできない。民主主義と独裁の違いは、地理ではなく、政治家が推進する価値観によって判断される。あなたはプーチンと何も変わらない。自由と西洋の価値観を破壊している。プーチンの帝国主義的独裁とトルドーの進歩的に見せかけたネオマルクス主義のどちらも私は御免だ」という強烈な声明でした。

　ドイツ選出のベルンハルト・ジムニヨク議員はトルドーを前にした演説で「我々はここでEUの民主主義の価値観を話し合ってきた。カナダ首相をこの場に招待したということは、民主主義の価値観を踏みにじる人物をこの場に招待したということだ。こんなやつ（someone like this）にこの議場で民主主義について決して語らせてはならない」と、ここから出ていけと言わんばかりの演説を披露しました。

　クロアチア選出のミスラフ・コラークシッチ議員は「自由・選択する権利・生きる権利・健康の権利・働く権利は基本的人権だ。我々の権利、子どもたちの権利を守るために、自らの自由と生命を危険に晒すことも我々の多くは厭わない。残念ながら我々の中に、その基本的な価値を踏みにじるものがいる」と話したところで、後ろで座っているトルドーを振り向き「カナダはかつては現代世界の象徴だったが、あなたの〝見せかけのリベラル〟の下、この数か月で、市民権侵害の象徴に成り下がった。我々はあなたが自国民に対して何をしてきたかをみてきた。あなたにとっては〝リベラル〟な方法なのかもしれない。しかし、これを最悪な種類の独裁と呼ぶのだ」と、これまたボロカスに言われています。

　カナダの歴代首相どころか、ＥＵ議会でここまで糾弾された人物は過去にいないのではないでしょうか。

そして最後に、ドイツ選出のクリスティン・アンダーソン議員。

「ＥＵ議会はカナダ首相の人権・民主主義・法と秩序の侵害に言及をするべきだ。カナダの首相は公共の場で中国の独裁を賞賛し（※）、自国民をテロリスト呼ばわりし取り締まり、基本的な権利を踏みにじるような人物だ。カナダ国民は彼の普通でない民主主義の概念に立ち上がっただけだ。そんな人物がこの議場で話すこと決して許してはならない」と徹底的に非難した上で、「あなたはすべての民主主義の恥だ」とまたもや強烈な言葉を浴びせられました。

※トルドーは２０１３年11月、「世界でどの国を最も称賛するか」と言う質問に対して「中国の基本的な独裁は素晴らしい」と中国共産党による独裁体制を賞賛し、大炎上した過去があります。

緊急事態法の発動という前例のないことをした結果、前例のない批判を受けることになりました。トルドーの選択は間違いであったことを世界が教えてくれています。緊急事態法の衝撃で世界に広がったのはトルドーの独裁者という真の姿だけではありません。フリーダムコンボイの輪がカナダに留まらず、世界に広がっていったのです。

■世界に広がったフリーダムコンボイ

フリーダムコンボイに触発されたトラック運転手による大規模抗議活動は世界中で発生ししま

した。アメリカでは首都ワシントンDCにトラックが集結、ニュージーランドでは首都ウェリントンに、オーストラリアも首都キャンベラにトラックが集まり、フランスのパリ、イギリスのロンドン、ベルギーのブリュッセルなど、他にも多くの国の首都に、自由を取り戻すためのコンボイが集結していたのです。

フリーダムコンボイの発祥は2019年2月、カナダだったと言われています。"United We Roll"（ユナイテッド・ウィー・ロール）という、抗議活動があったのですが、フリーダムコンボイと同じで主にトラック集団が首都オタワの連邦議事堂前に集結して抗議活動をしました。

このときはトルドー政権によるエネルギー政策に関する抗議で、アルバータ州やその他の州からトラックが集まり、予定通り2日で抗議活動は終了しました。

このときの報道を見てみると〝白人至上主義者〟〝過激団体〟〝レイシスト〟などの言葉が並び、フリーダムコンボイとまったく同じ現象が起き、〝何に抗議をしているのか〟よりも、〝誰が抗議しているのか〟に話がすり替えられていました。

フリーダムコンボイは計画段階では、"United We Roll"と同じくらいの規模になるものだと予想していました。ところが、想像を遥かに上回る数の人、寄付、声援があり、世界に勇気を与えるまでになりました。

2022 年 2 月 23 日、スクラントンからワシントン D.C. に向かう「フリーダムコンボイ」。
写真：AP/ アフロ

■フリーダムコンボイはカナダを変えた

2月20日までに抗議活動していた人々の逮捕・トラックの撤去が完了し、23日には緊急事態法は取り下げられました。フリーダムコンボイはコロナ規制の撤廃、つまり人々の自由・日常を取り返すことを求めていました。成果はどうだったのか？

まず、トルドー政権は一歩も引き下がりませんでした。フリーダムコンボイの引き金になったトラック運転手への事実上のワクチン接種義務付けは撤回されず、公共交通機関の使用のためのワクチン接種義務付けも残ったままでした。連邦政府機関職員は、たとえ在宅勤務であろうともワクチン接種義務付け。何も変わらなかったのです。

しかし、これはフリーダムコンボイの負けを意味しているわけではありません。長い目で見ると、

2022年2月14日、ベルギーのブリュッセルで、「Convoi Europeen de la Liberte 2022」（ヨーロッパの自由コンボイ2022）の一環として、COVID-19の規制に対して抗議するデモ参加者がEU機関本部付近に集まった。写真：ロイター / アフロ

左翼に支配され自滅の道を歩み続けるカナダ再生のターニングポイントだったかもしれません。大きく分けてふたつの成果があったのです。

ひとつめは、州政府の変化です。レストランや映画館の利用のためのワクチンパスポートなど、日常生活に直結するコロナ規制は州政府の権限で決められたもので、特にケベック州はワクチンカルトがもっとも深刻だった州です。州職員や医療関係者へのワクチン接種義務付けは当然として、ウォルマートやコストコのような大規模ショッピングセンターにワクチンパスポートを導入、ワクチン未接種者に増税をすることまで発表されていました。ところが、フリーダムコンボイが到着した直後の2月1日、ケベック州政府はワクチン未接種者に対する増税を撤回したのです。カナダで唯一ワクチン未接種者税の導入を検討していた州だっため、大きく注目を集めていました。

2月8日、アルバータ州はワクチンパスポートの廃止、マスク着用義務を3月1日に廃止すると発表。サスカチュワン州も2月14日にワクチンパスポートを廃止することを発表。同じく、プリンスエドワードアイランド州も規制緩和を発表しました。

2月11日にマニトバ州もワクチンパスポートを廃止することなどを発表し、フリーダムコンボイの効果はある一定の効果がありました。

アルバータ州、サスカチュワン州、マニトバ州はカナダで保守が強い州と言われていましたが、コロナ禍でこれらの州はトルドー政権と足並みを揃えて異常になっていきました。

規制緩和を発表したところから正気を取り戻したようで、特にサスカチュワン州のスコット・モー州首相や新たに選出されたアルバータ州のダニエル・スミス州首相は素晴らしく、カナダを左翼から取り戻す大きな原動力になっています。ブリティッシュコロンビア州と同じくらい温暖であれば、是非とも移住したいと思うくらい素晴らしい州首相たちですが、ユーコン準州生活で極寒はもうコリゴリです。

アルバータ州やサスカチュワン州のように、フリーダムコンボイは政治的な変化をもたらしたのですが、連邦レベルではもっと大きな変化、ムーブメントと呼んでもいい変化が起きました。最大野党の保守党の躍進です。

フリーダムコンボイが首都オタワに到着する前、当時の保守党の党首エリン・オトゥールは〝トルドーの犬〟と呼ばれるほど頼りにならず、フリーダムコンボイに対する姿勢も曖昧でした。

1月24日の会見で明確なフリーダムコンボイ支持を表明しなかったことに、保守党内で不満が爆発。会見の直後にアルバータ州選出のマルティン・シールズがフリーダムコンボイの支持声明を出し、元保守党党首のアンドリュー・シアー、副党首キャンディス・バーゲンと党内の有力議員たちが次々と支持声明を出します。1月27日にはピエール・ポイリエーブルが先述したメディアのフリーダムコンボイに対する報道姿勢を批判。保守党関係者の話によると、オトゥールは党内でフリーダムコンボイ支持を勝手に表明した議員に非難決議を出そうとしていたそうですが、味方につくと思ったポイリエーブルもオトゥールと対立。

結果としてフリーダムコンボイの支持声明を出すことになりました。さらに保守党議員35人から党首解任動議が出され、賛成73反対45で解任。オトゥール解任後はキャンディス・バーゲンが党首代行を務め、保守党の新党首、場合によっては未来の首相選びとなる党首選挙が約半年後の9月10日に行われ、ピエール・ポイリエーブルが新たな保守党党首に選ばれました。

■未来のカナダ首相ピエール・ポイリエーブル

ポイリエーブル党首はカナダ保守党の歴史を塗り替えた人物だと言われています。党首選挙は郵送投票で行われ、選挙権は保守党の党員登録をしているカナダ国民と永住権を保持している人です。実は私もこの機会に保守党の党員登録をしました（永住権者には国政選挙も地方選挙も選挙権はありませんが、党員登録と寄付をすることは可能です）。

党首選挙の仕組みをざっくり説明します。カナダ全土を連邦選挙区と同じ338地区に分け、各地区100ポイントが割り当てられます。極端に人口の少ないヌナブト準州だけは38ポイントで、総合計33738ポイントを、過半数ポイントをとる候補が出るまで最下位候補を削っていく"Ranked Choice Voting"（優先順位付投票方式）で結果が決められます。この方式は、最後の最後で首位だった候補が2位に負ける大どんでん返しの可能性があり、毎回党首選びは最後まで目が離せません。

結果はピエール・ポイリエーブルが22993・42ポイント、68・15％の得票率、338地区中330地区で勝利するという、前例のない圧勝で終わり、大どんでん返しどうのこうの以前にまったく勝負になっていなかったという選挙結果でしたが、多くの人が予想した通りでした。私はポイリエーブル党首がバンクーバーで開催したラリーに足を運びましたが、会場は満員。他の会場でも毎回大盛況で、誰が見ても勢いがありました。

ポイリエーブルムーブメントは党員数、政治資金額にも表れています。党員数は保守党が政権与党だった2006年から2015年までの期間は、約10万人から19万人の間で推移していました（262ページのグラフ参照）。

今回は2月後半から6月のたった4か月で約67万人と、政権与党のときの3～6倍の党員を獲得しています。日本と比較をしてみますと、カナダの人口は約3800万人、日本の人口は約1・25億人で、ざっくり3倍の人口。日本の政権与党自民党の党員数が2021年末で約113万人ですから、フリーダムコンボイを経て、単純計算で自民党の半分程度の規模だった政党が、1・5倍にまで膨れ上がったことになります。

ポイリエーブル党首と記念撮影。

州ごとの党員数を見てみると、ヌナブト準州を除く、他の10州2準州すべてで過去6年間で最高の党員登録数を獲得。前年比の党員数増加率は低くてもヌナブト準州の+235・1%、私の住むブリティッシュコロンビア州で+421・4%、ケベック州にいたっては+764・1%という、とてつもない保

【保守党党員数の推移】

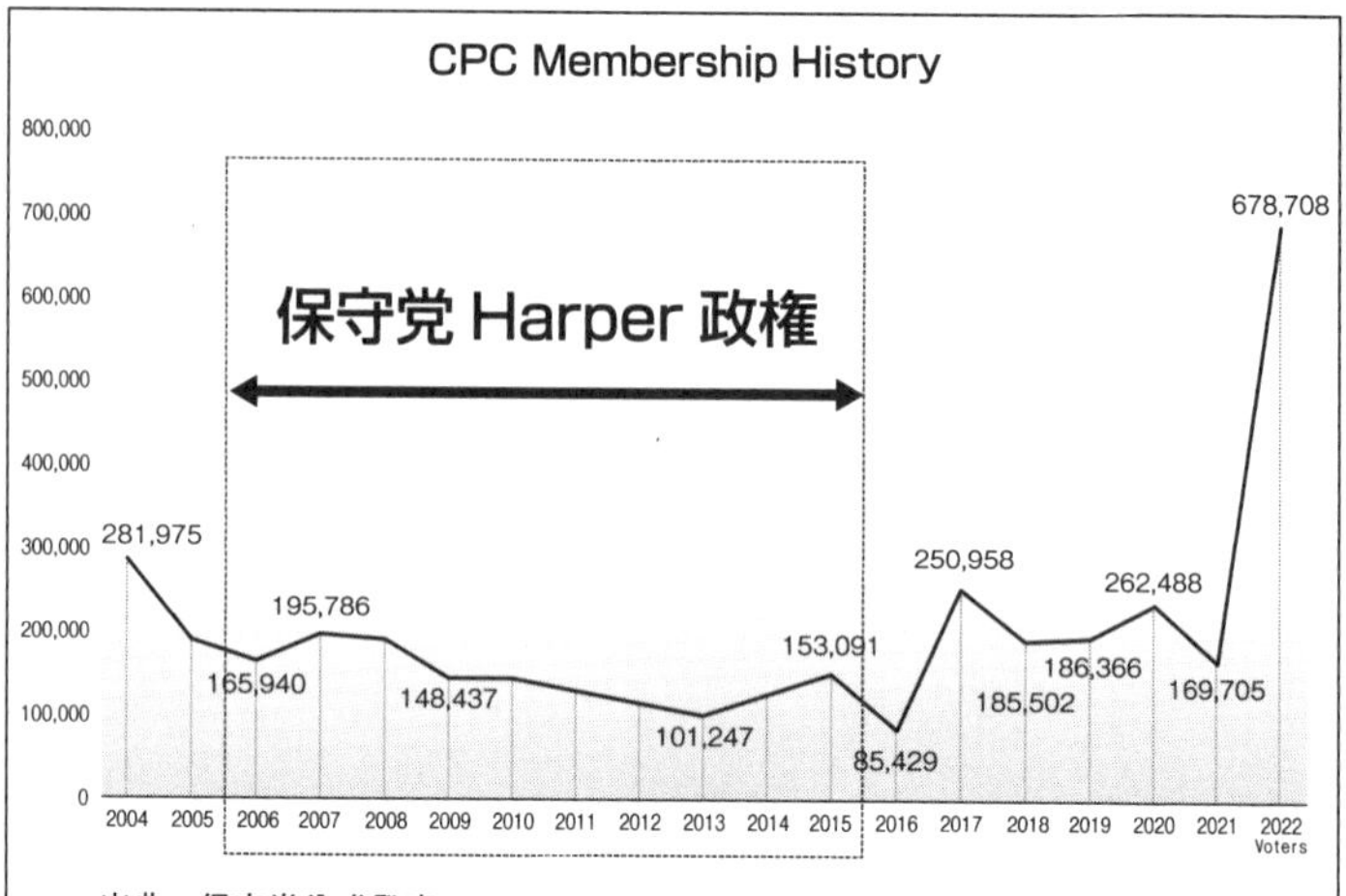

出典：保守党公式発表

【州ごとの党員数の増加率】

Province	2016 Nov (Pre-Leadership)	2017 Year End	2018 Year End	2019 Year End	2020 June (Leadership Date)	2020 Year End	2021 Year End	2022 Final List	2021 to 2022 Final List
NL	298	1,108	506	947	1,713	1,808	891	**4,422**	**496.3%**
PEI	346	1,070	639	992	1,387	1,517	1,057	**2,979**	**281.8%**
NS	1,424	4,582	2,695	4,113	7,209	6,920	4,368	**13,648**	**312.5%**
NB	1,220	3,541	2,124	2,783	4,288	4,866	2,840	**11,754**	**413.9%**
QC	4,385	15,865	7,291	6,979	12,957	12,968	7,648	**58,437**	**764.1%**
ON	33,014	111,354	88,266	94,625	114,705	118,002	77,264	**295,815**	**382.9%**
MAN	3,856	8,974	8,084	6,505	9,524	9,283	6,584	**25,291**	**384.1%**
SASK	4,775	13,168	10,862	9,835	13,181	13,047	9,247	**32,639**	**353.0%**
AL	22,635	56,091	39,461	34,047	60,337	57,675	35,406	**131,860**	**372.4%**
BC	12,840	34,222	24,902	24,872	35,639	35,421	23,723	**99,963**	**421.4%**
YK	375	48	46	403	630	624	409	**1,160**	**283.6%**
NWT	171	289	163	179	274	278	210	**606**	**288.6%**
NU	31	602	446	79	82	79	57	**134**	**235.1%**
HQ	59	44	17	7	58	0			
TOTAL	85,429	250,958	185,502	186,366	261,984	262,488	169,705	678,708	399.9%

出典：https://tnc.news/2022/07/29/conservative-membership1/

【政治資金調達（個人寄付）】

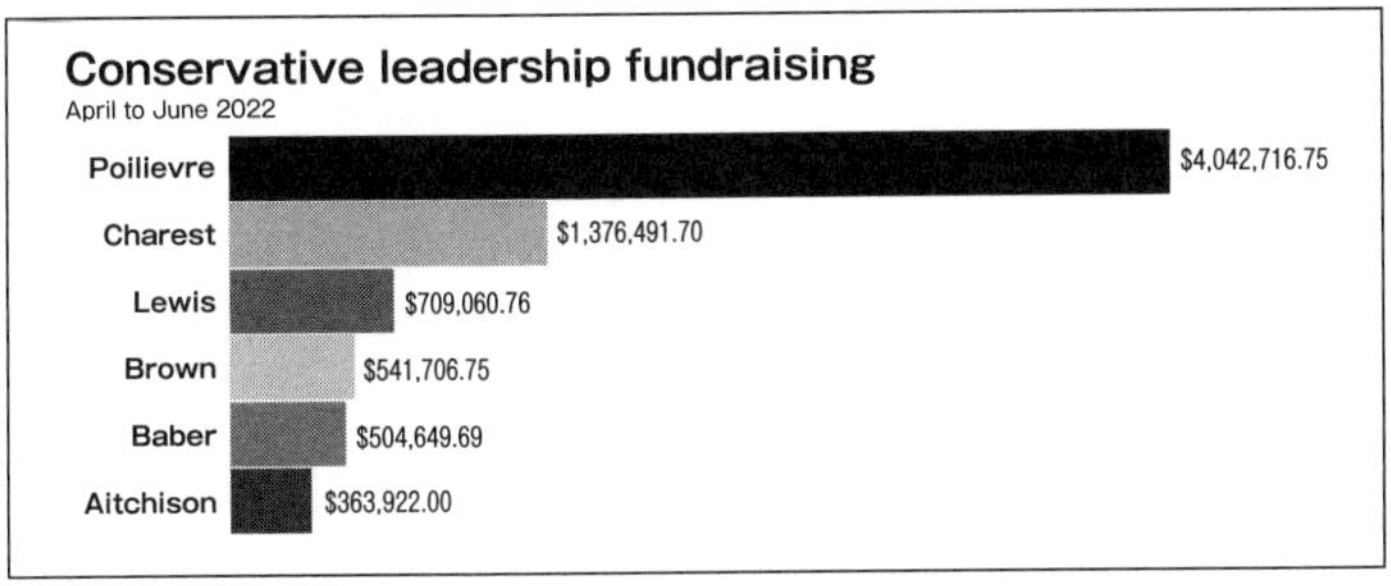

出典：https://www.thewrit.ca/p/poilievre-smashes-rivals-in-fundraising

守党党員の増加がみられました。

政治資金はポイリエーブル党首ひとりで集めた金額は約4億円、他の5人の党首候補が集めた金額を足し合わせた約3・5億円をひとりだけで超えているという、金額から見てもわかる勢いがありました。カナダに住む人々の「カナダを変えたい」「自由を取り戻したい」という思いを感じ取ることができるのではないでしょうか。

ピエール・ポイリエーブル党首は、2004年に初当選。当時の現役自由党防衛大臣を破るという大勝利を収めたところから政治家人生をスタートさせます。

党首選挙ラリーで「カナダを地球上で最も自由な国にする」と言っている通り、〝自由〟を重んじています。これは学生時代からのようで、“As Prime Minister, I would…”（首相として何をするか）論文コンテストで優勝をした過去があり、そのときの論文タイトルが“Building Canada Through Freedom”（自由を通じたカナダの構築）。その論文の中で「最重要な人々の生活基盤の守護者は〝自由〟である」と述べています。

党首選挙出馬宣言の動画でも何度も〝自由〟という言葉を使い、「トルドーは自分がボスであると勘違いしている」「政府は人々の召使いであるべきであり、主人ではないはずだ」と指摘しています。職業政治家の多くが忘れていることではないでしょうか。

私たち国民が政治家に対して「我々に仕えろ」と言うのは違いますが、「国民の生活を第一に考えてお仕えする精神」を政治家は忘れてはならないと思います。

では、フリーダムコンボイ、ポイリエーブル党首誕生により起きた保守ムーブメントはトルドー政権打破につながるかというと、まだわかりません。2021年9月に選挙があったので解散がなければ2025年9月まで選挙はありません。良くも悪くも保守ムーブメントは保守党以外にもうひとつの政党の勢力を増すことになりました。それがマキシム・ベルニエ率いるカナダ国民党です。ベルニエは元保守党議員で、保守党党首選挙に僅差で敗れた後、保守党を離党しカナダ国民党を結成しました。一般的には極右政党と呼ばれているのですが、アメリカだったら人気の出る政党だと思います。ただ、全体的に左翼・リベラルに侵食されているカナダでは主張が強すぎる。言っていることがまともすぎると言えばいいのでしょうか。

私はとにかく最優先課題はトルドー政権を倒すことだと思っているので、ポイリエーブル保守党を支持していますが、本音を言えば、カナダ国民党が最も良い政党だと思っています。ちなみに、現在はカナダ国民党の議席はありません。

さて、問題なのは保守票の取り合いです。カナダ国民党が議席確保のために保守党と共闘してくれればいいのですが……。激戦地区は数ポイントで勝敗が決まります。1議席でも確保したいカナダ国民党は保守の強い地域に重点的に候補者を擁立するでしょうから、トルドー率いる自由党、連立を組む新民主党が漁夫の利を得ることになりかねないのです。本当にカナダのことを考えた選挙戦略を立てるのかどうかに注目したいです。

２０２２年8月10日、『National Post』がカナダで起きている変化を報じました。"Young people seem to be leaning Tory"（若者は保守党に傾いているようだ）、29歳以下の若者世代の保守党支持者が増えているというのです。

従来であれば29歳以下の多くは左翼政党の自由党か新民主党を支持。保守党の支持は25％を超えることはありませんでした。ところが、フリーダムコンボイ以降、急激に保守党の支持率が伸び、33％に達しました。フリーダムコンボイの支持をするかどうかの世論調査で18歳～34歳の61％が支持していたのに対し、55歳以上は37％に留まっていたというデータと合わせて考えてみても、フリーダムコンボイの効果が若者世代の保守党支持に影響を与えていると考えることができるでしょう。また、若者の中で保守系政党の支持が増えているのは、現在のイギリスやアメリカと真逆の現象で、「かつてのイギリスのサッチャー政権誕生、アメリカのレーガン政権誕生のときと同じ現象が起きている」と指摘しています。

　フリーダムコンボイをターニングポイントにカナダが大きく変わるかもしれません。その起点となったのは左翼リベラルの暴走を目撃し、自由を失う痛みを感じた多く人が目覚めたからだったのではないかと思います。これからもカナダ国内から、世界で最も左翼リベラルに侵食された国がどうなっていくのかを見守っていこうと思います。

第5章

亡国の危機

恐怖をコントロールする手口

■世界的に左翼リベラル勢力による国・文化・伝統の破壊が起きている

いま世界で起きていることをリアルタイムで追いかけていると、世界的に左翼リベラル勢力による国・文化・伝統の破壊が起きていることに気づかされます。

まだ日本にいたころ、私はこのことに気づいていませんでした。興味がなかったと言ってもいいかもしれません。

みんなが「国・文化・伝統を破壊しよう」と意図的に動いているわけではないと思います。一部の革命主義者はそうであると思いますが、たいていの人が（かつての私のように）「国・文化・伝統が壊れるかもしれないけれども、それ以上のより良い世界があるなら、それはそれでいいのではないか。それが社会の進歩だ」と思い込んでいる人が多いのではないかと思います。

確かに人類は進歩の連続です。かつては洞穴の中で生活していたのが、今ではタワマンのような高層マンションに住むようになっています。言葉だって変化を続けていて、一人称に「拙者」という人はほとんどいないでしょう。

とはいえ、何でもかんでも変わればいいわけではありません。自分が求めている変化が〝良いこと〟と思い込んでいる人は視野が狭く、国・文化・伝統などという壮大なものを見ることができないのではないでしょうか。そもそものような国の土台になっている壮大なものの重要性を知らないのかもしれません。私自身、気づいていませんでした。

イギリスの歴史学者ロバート・コンクエストは「明確な右翼（保守）でない団体は、やがて左翼になる」という言葉を残していますが、団体だけでなく、個人もそうではないでしょうか。私の体感ですが、日本の教育を何も疑わずに受けていると、自然と軽めの左翼思想が芽生えるように思います。

現在の日本では〝愛国者〟は危険な言葉として捉えられています。私自身も、カナダに来て〝世界から見た日本〟そして、〝日本人〟として扱われることが増えたことで、祖国日本の大切さ、偉大さを知ることができました。

残念ながら、いまの日本の教育ではそのような愛国心を培う基礎的なものが欠落しているように思えます。塾講師として受験対策に特化した授業をしていたからこそ、なおさらそう感じます。

このような教育がわざとされているかどうかの議論はここではしませんが、愛国心のない人が増えた国は必ず衰退していきます。他国の浸透・侵略を線引きなく無制限に受け入れる危険性があるためです。その一環として、世界基準に合わせる過激なＬＧＢＴ運動があるのではないでしょうか。

カナダやアメリカで起きている様々な事例を紹介しましたが、子どもが犠牲者になっています。子どもは将来を担う国の宝です。社会が力を合わせ、子どもたちを守らなければなりません。ところが、左翼リベラル社会正義マンたちは社会の変革に子どもたちを利用し、子どもたちに自分たちの価値観を押し付け利用しています。

ＬＧＢＴとカテゴライズされているすべての人々が平穏に暮らせるようにすることは非常に大切なことですが、その大義名分のもとに、社会の破壊を引き起こすようなことはあってはなりません。社会の破壊を目指す左翼に対抗するためにまず私たちがするべきことは、祖国の大切さを知ることです。それこそが国を守る第一歩です。

■大人の責任

コロナ禍の日本で目についたのが、大人が誰も責任をとろうとしないことによる子どもたちの犠牲です。

世界が規制緩和に動く中、日本だけは別世界。実態のない創り上げられた医療逼迫という脅しを受け、その実態は閑古鳥の鳴くコロナ病床に湯水の如く注がれる多額の血税。それだけムダ金を使いまくっておきながら、国防のため、子育てのため増税を検討。そんな中、日本のコロナ対策トップは補助金をぼったくっていたことが発覚するもお咎めなし。ありえません。

カンセンヨボウタイサクという、いつまでも飛沫感染にこだわる間違った「やっている気になる」対策を続け、世界最高のワクチン接種率、世界最高のマスク着用率、日本独自の黙食という、もはやカルト宗教のようなことをセンモンカの言う通りにした結果、ぶっちぎりの世界最高感染者数を10週以上にわたり更新。

でも誰もやめようとしない。誰もマスクを外さない。「2回打てば感染予防できる」「3回打てば完璧」「集団免疫が獲得できる」「周りのために」「思いやりワクチン」と言われ4回目、5回目、気づけば「重症化を予防できる」に話がすり替わっても誰もツッコまない。世界基準に合わせればいいというわけではないと言いましたが、感染対策に関しては世界から学ぶべきところがあったでしょう。

大人が誰も責任をとろうとしなかったことで、子どもたちの貴重な時間は奪われ続けました。大人の1年と子どもの1年は同じ365日でも、まったく価値が違います。私たち大人は「今年は旅行に行けなかったけど、来年こそ行こう」ということができますが、小学6年生、中学3年生、高校生の子どもが「今年は修学旅行に行けなかったけど、来年こそは行こう」ということはできないのです。

甲子園や高校バレーの全国大会に濃厚接触者という理由で出場できなくなったというとんでもないニュースもありました。全国大会を夢に、小さいころから苦しい練習を耐え抜き、ようやく掴んだ晴れ舞台が、カンセンヨボウタイサクによりぶち壊されました。

コロナが悪いのではありません。コロナ以上に社会の目を気にして責任をとろうとしなかった大人たちが悪いのです。

コロナの恐怖に怯えていた人はどれだけ〝自分で〟コロナについて調べたのでしょうか。反ワクチン、反マスクと他人にレッテル貼りをした人は、そのレッテル貼り攻撃対象が調べている以上に〝自分で〟調べた上で攻撃していたのでしょうか。

もちろん、反ワクチンと呼ばれる人々の中には、さすがに無理があるような言説に振り回された人もいます。一方で、正確な主張もあったのではないでしょうか。

重要なのはレッテルを貼った方も貼られた方も、お互いが過去の発言・行動を振り返り、反省をすること。その姿勢を子どもたちに見せなければ、日本は殻を破ることはできないと思いますし、社会を牽引する大人たちの責任です

■〝恐怖〟が使われていることを知る

暴走したジェンダー・アファーミング・ケア、世界的なキコウヘンドウ詐欺、コロナ騒動。社会の変革を誘発しようとしているものすべてに共通していることがあります。

〝恐怖〟が使われているのです。

「ジェンダー・アファーミング・ケアを受けなければ、あなたの子どもは自殺する」

「温室効果ガスを減らさないと、人類は滅亡する」

「死の病が蔓延しているから、マスクしなさい、消毒しなさい、ワクチン打ちなさい」

すべて「〇〇しないと大変なことになる」という恐怖を与えることで、人々が同じ方向性を向くようにされています。

Matt Hancock
We frighten the pants of everyone with the new strain
11:17
but the complication with that Brexit is taking the top line
11:17
Damon Poole
Yep that's what will get proper bahviour change
11:17
Matt Hancock
When do we deploy the new variant
11:35
イギリスメディア『The Telegraph』がスクープした『ロックダウンファイル』。

万人に自分事でわかりやすい例がコロナ騒動だったのは言うまでもありません。

イギリスメディア『The Telegraph』が２０２３年２月28日から報じ始めた特大スクープ、通称〝ロックダウンファイル〟はご存知でしょうか。コロナ騒動中のイギリス政府高官のメッセージアプリ『WhatsApp』のテキストメッセージ約10万が流出したのですが、当時のイギリス首相ボリス・ジョンソンをはじめ、コロナ対応を指揮していた当時の保健大臣マット・ハンコックなど重要閣僚がどのようなことをコロナ禍に話し合っていたのかが暴露されました。

たとえば、２０２０年10月7日に、それまで定期的に更新していた地域ごとのコロナ感染状況の監視リストを更新しないことを決めていました。

理由は、地域監視リストを更新しないことで、地域どころかイギリス全土で感染爆発が起きていて、地域ごとの情報更新の意味がないという印象、つまり、恐怖を植え付けるためです。

２０２０年12月13日には決定的なやりとりが残されています。ハンコック保健大臣が“We frighten the pants of everyone with the new strain”（新しい変異株で人々を徹底的に怯えさせるぞ）“but the complication with that Brexit is taking the top line”（ブレグジットがトップニュースに来るのが面倒だ）と、変異株がイギリス国内で検知された報告を受け、そのニュースを〝人々を怯えさせるために〟利用する前提で発表のタイミングを特別補佐官と話し合っていたことが明らかになっています。

特別補佐官は「これで国民に〝適切な振る舞いの変化〟をさせられる」という返事をし、国民の行動に影響を与えることを目的にしていることもわかります。

そして、この返事にハンコック保健大臣は“When do we deploy the new Variant”（いつ変異株を動員する）と返事をしています。この動員するというのは「いつ発表するか」という意味だと思いますが、より効果的に国民に恐怖を与えるための作戦を考えていたことを示しています。

陰謀論と思われるかもしれませんが、これが〝現実〟です。国民に恐怖を与えることで、国民をコントロールしようとしていたのです。振り返ってみればわかりますが、イギリスだけではありませんね。

■群集心理から見たパンデミック

コロナ禍は間違いなく日本衰退の勢いを加速させることになりました。出生率の低下、戦後最大の死亡数と超過死亡。同じことを二度と繰り返してはなりません。そのためにも、コロナ禍で何が起きていたのかを多角的に振り返る必要があります。日本の政治家やテレビに出ているようなセンモンカ、メディアは責任を取りたくありませんから、このままうやむやにするでしょうが、私たちは同じことをしていてはいけませんよね。

ベルギーのゲント大学心理学教授マティアス・デスメットはパンデミックにより、世界中の人々が〝群集心理〟に陥っていたと指摘しています。群集行動の中で起こる一時的、特殊な心理状態のことです。1895年に発刊されたギュスターヴ・ル・ボンの『群衆心理』はドイツのアドルフ・ヒトラーの愛読書だったことで有名です。

群集心理は《断言》→《反復》→《感染》で社会に広がっていきます。社会が群集心理に陥る条件は4つ。

①社会的絆の希薄さ
②生きる意味の希薄さ
③漠然とした不安感
④漠然とした不満

まさに2019年のパンデミック前の社会です。

ここにメディア等を通じて不安（ウイルスの恐怖）を何度も刷り込まれ、さらにその対応として感染予防対策があるということを何度も何度も刷り込まれること《断言→反復》で、人々は群集心理状態《感染》に陥っていきました。

群集心理状態になると、人々は団結し社会全体で動きます。今回の場合は〝社会全体で感染予防対策をしよう〟です。重要なポイントとして、犠牲を払うことを厭わなくなります。子どもたちの成長機会の喪失・人権侵害行為・経済崩壊が起こりましたが、視野が非常に狭くなるため、〝ウイルス対策〟という限定された範囲にしか認知・感情が向かなくなります。

この状態では人々は社会的絆が形成されることによるある種の〝気持ちよさ〟をどこかで感じています。群集心理の発生条件は〝社会的に空っぽ〟な状態になっていることで、この孤立感から解放されることで、ある種の精神中毒状態のようになるのです。

群集心理状態になると信じる物語に合理性は必要なく、個人の自由よりも集団を優先し、進んで自己犠牲をするようになります。

政治家は群集心理に合わせると支持率が高くなります。

発足当初の岸田政権の異常な支持率を覚えている方も多いのではないでしょうか。このとき、合理的な政策でも群集心理に合わない政策は支持率を下げることになりますので、政府は〝団結を強める政策〟、つまり、政府が煽るようなことをすることで、個人よりも社会を優先する全体主義社会が形成されていきます。

精神的に気持ちがいいため、元通りに戻ることを無意識に避けてしまうようになります。どれだけ感染状況が落ち着いても「まだまだ対策を続けるべきだ」と、100%実現不可能なゼロコロナ政策のような状態になる要因のひとつです。

群集心理の特徴のひとつに〝異なる意見に極めて不寛容になる〟があり、団結を守ることが最優先のため、異論を許しませんし、一般的な良心のような価値基準は無視されます。

群集心理・全体主義を存続させるために、常に敵（不安の対象）が必要です。なぜならば、敵がいなくなった途端、人々は今まで目の前の限られた狭い範囲しか見ることができていなかった視野が広がり、後ろを振り返ることができるようになり、甚大な被害を出していたことに気づいてしまうからです。

こうなると、人々は被害を生んだ責任を指導者・リーダーに押し付け、手にかけることになります。コロナ騒動では煽りまくっていたメディアや政治家、センモンカでしょうか。こうならないようにするために、リーダーは保身のため常に敵を残すようにします。

群集心理の大衆は大きく分けて3グループに分けられます。

①30%の催眠状態で洗脳状態の人々
②40%の世論・多数派に従う人々
③30%の催眠状態にならず、現状打破のために何とかしようとする人々

基本的に②が①から自然と距離を置くようになるので、時間が解決してくれる可能性がありますが、今回の日本がこの自然消滅のように思えます。一方、欧米各国はとんでもない対応をした分、平常化が早かった。理由はデスメット教授の指摘する解決策(③の人々がまとまること)が欧米各国で起きていたからです。

③の催眠状態になっていないグループはとにかくバラバラであることが特徴です。貧富・政治的イデオロギー・人種・国籍、何もかも違い、孤軍奮闘しています。ここが一致団結すると②のグループが動き、社会が正常化に向けて動き出します。フリーダムコンボイがそうでしたが、保守系政党の支持者ばかりでなく、自由党支持者もいました。

群集心理から見たコロナ騒動で最もお伝えしたいのが、**多くの人々が一斉に同じ方向を向いたとき、一歩引いて全体を見る必要がある**ということです。

同じようなことはまた必ず起きると思います。それはコロナ騒動のような公衆衛生の問題だけでなく、社会不安を引き起こすような事件、戦争など、何が引き金になるかはわかりません。重要なのは、今回とまったく同じ轍を踏むのかどうかです。

■ナッジ理論から見たパンデミック

群集心理の観点からコロナの世界を見たとき、群集心理に陥った原因はメディアと国民で、そこに政治家が悪ノリすることで事態が悪化したと紹介しました。

つまり、メディアの煽りを受け、自然発生したということですが、人為的に誘導されていた可能性が指摘されています。

イギリスの臨床心理学者ゲイリー・シドリーら40人の心理学の専門家、医療従事者は政府が「ナッジ理論」を使い、国民を誘導していたと、イギリス政府を非難しています。

この約3年間をナッジ理論の視点からも振り返り、日本政府が、自治体が、大手企業が、どのようなことをやっていたか、言っていたのかを思い返してみたいと思います。

2022年1月、シドリーらはイギリス下院議会の行政・憲法選定委員会に意見書を提出しました。イギリス政府の行動洞察チーム（BIT）が、ナッジ理論を使い、コロナの恐怖を煽ったことの倫理的問題点を指摘したのです。

ナッジとは英語で〝Nudge〟（軽くひじで突く）という意味があります。

心理学と経済学を組み合わせた行動経済学に基づく理論で、強制ではなく人々が〝自発的に〟行動するように〝誘導〟する手法です。

2010年キャメロン政権下で行動洞察チームが設置され、世界中に研究機関があります。もちろん、日本にもあり、日本政府は環境省・経済産業省・厚生労働省がナッジ理論を政策に組み込んでいます。犯罪防止のような、社会をより良くするために使われるべきですが、使い方次第では良くも悪くもなります。

ナッジ理論は4つの柱で構成され、頭文字をとって〝EAST〟（イースト）と呼ばれます。

【Easy】【Attractive】【Social】【Timely】です。

【Easy】はハードルを下げ、選択肢を与えないようにすることで、コロナ禍では「自粛しよう」「ワクチンが唯一の解決策だ」のようなスローガンが挙げられます。

【Attractive】は惹きつけることで、そこで利用されるのが人間の本能の〝得る喜びよりも失う痛み〟を利用することで、政府の政策に注目を集めさせます。たとえば「自粛をしないとあなたがウイルスを拡散して、大切な人を失うかもしれない」のようなものです。

【Social】は社会を利用することで、周りの目を気にする人間性を利用すること。「マスクしてないのあなただけだよ」「みんなワクチン打ったよ」が実例でしょう。

【Timely】は適切なタイミングで介入することです。ロックダウンの導入と解除、マスク着用義務の導入と緩和のように、タイミングよくガス抜きをすることで、不満を爆発させることなく、目的達成できるまでの時間を稼ぐことと言ってもいいでしょう。

シドリーらの意見書によると、2020年3月22日のイギリス政府の会合、つまりパンデミック最初期の時点で3種類の懸念されるナッジ理論が使われることが決められていました。

恐怖、恥（エゴ）、同調圧力を煽るナッジ理論です。

ひとつ目が、群集心理の下地作りになった〝恐怖のナッジ〟です。たとえば、説明も透明性もない累計死者数の表示。既往症の有無、イギリスでは陽性判定28日以内であれば、たとえがんだろうが、心臓疾患だろうが死因をコロナとしてカウントするなど、とにかく死者数を水増しすることで恐怖を煽りました。他にもＩＣＵで苦しむ患者の映像放映やスローガン（「あなたが外出し、ウイルス撒き散らせば、命を落とす人がいる」）などです。

ふたつ目が、〝恥（エゴ）のナッジ〟です。群集心理を完成させることに繋がりました。国の政策に従わないことは社会的に恥ずかしいこと、自分勝手というイメージを刷り込むことで、自発的に政府に従うようにさせます。たとえば、スローガン「ステイホームであなたの周りを守ろう」、テレビで「親友を守るために、マスク着用・ソーシャルディスタンスをとろう」、子どもに「おじいちゃん、おばあちゃんの命を守ろう」などが具体例として挙げられています。

３つ目が、〝同調圧力のナッジ〟です。レッテル貼りを駆使することで、常に敵をつくり、群集心理状態を継続させました。大多数に従わないマイノリティ層をあなたの不快の原因とすることで、〝反マスク〟〝反ワクチン〟と敵をつくり、人々の結束を高めます。

このように、人々が結束するように、人々の潜在意識に働きかける試みがイギリスでされていたことが指摘されているのです。これはイギリスだけでなく、日本でもカナダでもアメリカでもフランスでもドイツでも、どこでも起きていました。

つまり、同じことが仕掛けられていたのかもしれないのです。シドリーらは「文明社会でコンプライアンスを得る手段として、故意に市民の感情的な不快感を高めることに疑問が残る」と指摘しています。国が自国民の中に敵をつくるという、わざと国民を分断している行為なわけですから、大問題でしょう。

「重大な弊害として、他の病気の治療が手薄になり命を落とすケース、孤独を感じることによる問題、マスク着用をめぐるハラスメントなど意図していない問題を引き起こしている」とも指摘しました。

たとえば暴走したワクチン推進者や妄信者が原因で、臓器移植が必要な人がワクチン未接種を理由に臓器移植を断られているケースが発生しています。臓器移植しなければ死ぬわけですから、狂っているとしか言いようがありません。このような事例はカナダ、アメリカ、オーストラリアなど、各地で発生していて、執筆段階の今でも問題になっています。

また、ナッジ理論を組み込むことは心理学的介入と言えるため「文明社会では国民の同意が必要なはずだ」とした上で、「政府により市民の考えを変えるために恐怖・恥を使い、政府に反対する者を逸脱者に仕立て上げ、信念・行動を排除する戦術は中国のような全体主義体制が使うものだ」と厳しく非難しています。

コロナ対策を例にしましたが、SNSでは依存度を高めるための心理学が応用されていると言われているように、日常生活から我々はコントロールされようとしています。私たち大人が気づかなければ、子どもたちも気づくことはできないでしょう。

エピローグ

政治家の責任と国民の責任

ＴＢＳテレビで「倍返しだ！」の決めセリフで話題になったテレビドラマ『半沢直樹』をご存知でしょうか。原作は池井戸潤さんで、２０１３年に第1期、２０２０年に第2期がテレビで放映されました。執筆時の今になってハマり、日本からＤＶＤを取り寄せ、本書執筆の合間に何度も観返しています。大どんでん返しの繰り返し、嫌な性格の上司たちを正論でなぎ倒していくストーリーにあの臨場感のあるＢＧＭが重なり何度観ても飽きません。

この『半沢直樹』最終話を日本の政治家、政治家を志す人に観てほしいと切に願います。特に最終話で堺雅人さん演じる半沢直樹が、柄本明さん演じる進政党幹事長の箕部啓治の不正を暴き、箕部に国民に対して謝罪をするように要求したときのセリフです。

「政治家の仕事とは、人々がより豊かに、より幸せになるよう政策を考えることのはずです。今この国は、大きな危機に見舞われています。航空業界だけでなく、ありとあらゆる業界が厳しい不況に苦しんでいる。それでも人々は、必死に今を耐え忍び、苦難に負けまいと歯を食いしばり、懸命に日々を過ごしているんです。それは、いつかきっと、この国にまた、誰もが笑顔になれるような明るい未来が来るはずだと信じているからだ。そんな国民に寄り添い、支え、力になるのがあなた方政治家の務めでしょう。あなたはその使命を忘れ、国民から目を逸らし、自分の利益だけを見つめてきた。謝ってください。この国で懸命に生きるすべての人に、心の底から詫びてください」

日本だけでなく、世界中の政治家にとって、非常に耳の痛いセリフなのではないでしょうか。カナダの次期首相と期待されるピエール・ポイリエーブル保守党党首も言っていた通り、政治家は国を、国民の生活をより良くするために、国民に仕える仕事です。私たち一般国民が「政治家は我々に仕える仕事だ」と思うことは間違っていると思います。政治家が「我々の仕事は国民に仕えること」と思うべきということです。

ただ、「今の日本が悪いのは政治が悪い」「勘違いした横柄な政治家が多い」で済ましていてはダメだということに気づきました。政治家は国民の写し鏡とも言われる通り、政治家を選んでいるのは国民です。国民が変わらなければ政治が変わることはないのです。

いま、左翼勢力が全力で日本にトドメを刺すために活動しています。

大袈裟に聞こえるかもしれませんが、私は一人一人の振る舞い次第で、これからの日本の未来が変わると信じています。

彼らがどのように仕掛けてくるのか、どのような結果が待ち受けているのかは、良くも悪くも先を行くカナダやアメリカから知ることができます。そして、どのように対抗すればいいのかを北米の保守層の人々が身を挺して見せてくれています。

彼らから学ぶことで、私たちが今どうするべきなのかが見えてきます。一人一人の意識が変われば、政治が変わり、破壊は止められるはずです。

北米からの警告を対岸の火事と思わず、日本に差し迫った脅威であると考える人が増え、誰もが笑顔になれるような明るい未来のある祖国日本になることを願ってやみません。

私も日々過去から学び、今起きていることを学び、日々情報発信することを通じて、微力ながらも貢献できるように尽力していきたいと思います。

2023年6月

やまたつ

やまたつ

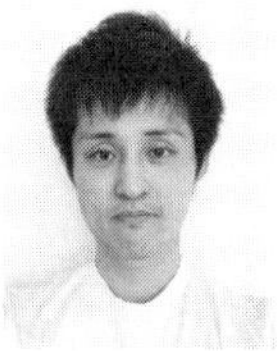

1991年生まれ。愛知県出身。カナダ・バンクーバー在住。2017年にカナダに渡り、極北地域のユーコン準州の日本人がひとりだけの小さい村で可愛い猫2匹と生活し、2019年に永住権を取得。日本メディアが伝えないニュースがあまりにも多いことに気づき、日本国民にとってマイナスだと考え、YouTube番組『カナダ人ニュース』を立ち上げ、情報発信を始める。現在登録者数15.7万人。2022年12月に初の著書『左翼リベラルに破壊され続けるアメリカの現実』を上梓。

YouTube：https://www.youtube.com/@canadiannews_yt
Twitter：@debutanuki_yt
Substack：canadiannews.substack.com

北米からの警告

ジェンダー政策、緊急事態法が日本の未来を破壊する

第1刷　2023年6月30日

著　者　やまたつ

発行者　小宮英行
発行所　株式会社徳間書店
〒141-8202　東京都品川区上大崎3-1-1 目黒セントラルスクエア
電話　編集03-5403-4344／販売049-293-5521
振替　00140-0-44392

印刷・製本　大日本印刷株式会社

ISBN978-4-19-865647-8